KB036548

크리에이터를 위한 관점 전환의 기술

디자이너의 생각법; **시프트**

크리에이터를 위한 관점 전환의 기술

디자이너의 생각법;
시프트

이상인 지음

미국 디지털 디자인계에서 가장 주목받는
한국인 크리에이티브 디렉터

쌩스터의 디자인 씽킹 노트

"크리에이티브의 최전선에 있는 그들은
어떻게 생각하고 행동하고 일할까?"

7LL

Contents

••• ➤

Chapter 2

디자이너의 생각법

Chapter 3 ━━━━━━━━━━━━━━━

디자이너의 시선

• • •➤

디자이너가
리더가 된다면

디자인이란 무엇인가?

"디자인이란 무엇인가요?" 자정을 넘긴 시간, 동문 MT 술자리에서 한 신입생이 졸업생 선배들에게 물었습니다.

이 질문으로 시작된 '디자인이란 무엇인가?'에 대한 강의는 해가 뜰 때까지 몇 시간에 걸쳐 계속되었습니다. 당시 신입생이었던 저는 그 질문의 대답보다 언제쯤 선배들의 이야기가 끝나고 잠을 잘 수 있을 지가 더 궁금했습니다.

세월이 지나 디자이너로 살다 보니 그 술자리가 가끔 생각납니다. 선배들이 왜 그렇게 디자인의 본질에 관한 깊은 이야기를 하고 싶어 했는지도 이제야 이해가 됩니다.

그동안 저는 여러 디자인 에이전시에 몸담으며 글로벌 기업의 디지털 트랜스포메이션 작업을 해왔습니다. 브랜딩 디자이너로서 디자인 전략을 수립하거나 팀을 이끄는 디렉터로도 일했죠. 디자인 컨설팅을 위해 미국 전역을 다니며 경험한 변화의 속도와 스케일은 놀라울 정도로 빠르고 광범위했습니다. 특히 지금 몸담고 있는 마이크로소프트의 클라우드/인공지능 그룹에서의 경험은 '이 시대에 걸맞는 디자인이란 무엇인가? 디자인은 어떻게 새롭게 정의되어야 하는가?'에 대해 깊은 고민을 하게 만들었습니다.

'인간에게 더 나은 삶을 제시한다.'는 디자인의 대전제는 바뀌지 않겠지만, 인간의 '더 나은 삶'에 대한 정의는 분명 바뀌고 있습니다. '4차 산업혁명'이라고까지 불리는 변화는 의식주를 포함한 인간의 모든 삶을 광범위하게 바꿔가는데, 인간의 삶과 기술을 밀접하게 이어주는 디자인만 제자리일 수는 없습니다.

상용화될 제품의 형태를 구체화시키는 것만이 디자인은 아닙니다. 삶을 살아가는 '철학'을 만드는 것, 그래서 급변하는 세계 속에서 인간의 삶이 어떤 방향으로 나아갈지 제시하는 역할을 하는 것이 디자인이라고 저는 생각합니다.

디자인의 폭이 넓어지고 깊이가 깊어짐에 따라 디자인을 하는 주체인 '디자이너'에 대한 정의도 함께 변화할 수밖에 없습니다. '디자이너'라는 단어 하나로 통용되던 예전과는 많이 다르죠. 디지털 디자이너 카테고리만 보더라도 UX디자이너, UI디자이너, 서비스 기획자 등으로 세분화됩니다.

디자인의 저변이 넓어지고 교육 코스들도 다양해진 만큼, 전공자가 아니어도 디자이너로 일하는 경우도 많습니다. 어떤 이들은 아무리 세상이 바뀌어도 디자인 교육을 정식으로 받아야 디자이너라 하고, 또 어떤 이들은 요즘 시대에 '전공'이라는 것이 무슨 의미냐고 반문합니다. 세대별로, 개인별로 입장이 다르고 주어진 상황에 차이가 있기에 어느 쪽이 옳다고 단정지을 수는 없습니다. 각자의 주장에 타당성도 있고요. 분명한 것은 디자인은 몇몇 개인 혹은 집단에 의해 규정되지는 않는다는 점입니다. 한 시대 안에서 디자인을 만들어가는 사람들과 디자인을 소비하는 사람들이 함께 정의하는 것이죠.

저 역시 '디자인이란 무엇인가?'라는 질문에 답하기 위해 '본질'에 대해 끊임없이 질문해왔습니다. 그리고 그에 대한 나름의 답과 성찰을 틈틈이 글로 옮겼습니다.

이 책에는 '디지털 디자인'이라는 변화무쌍한 필드에서 뛰고 있는 디자이너의 '일'과 '업'에 대한 생각이 들어 있습니다. 이 책을 읽는다고 해서 디자인 실력이 갑자기 향상되거나, 뛰어난 결과물을 낼 수 있는 것은 아닙니다. 하지만 디자이너 혹은 기획자, 혹은 엔지니어로서 새로운 시선을 얻으실 수는 있을 것입니다.

그저 '이런 생각을 가진 디자이너도 있구나.'하는 마음으로 편하게 읽어주셨으면 합니다. 귀중한 시간을 따로 마련해 책을 보시는 것도 좋지만, 출퇴근 길이나 카페에 앉아 내키는 주제를 하나씩 선택해 보셔도 괜찮습니다.

모쪼록 저의 글이 디자인을 알고 이해하시는 데에 도움이 되었으면 좋겠습니다.

2019년 시애틀에서,

저자 이상인 드림

Chapter 1

work

디자이너의 일

디자이너의
마음가짐

요즘은 '어느 회사의 디자이너'라는 말이 종종 자랑거리처럼 쓰이는 것 같습니다. 기업과 정부 부처에서도 디자인에 큰 관심을 기울이고, 대학의 전공 과목을 넘어 디자인을 가르치는 사교육 기관의 수까지 부쩍 늘어난 것을 보면, 디자이너가 예전에 비해 많은 이들이 선호하는 직종이 된 것은 분명해 보입니다.

그런데 디자이너는 어떻게 해야 될 수 있을까요? 일정 기간 디자인에 대한 교육을 받고 졸업장을 받으면 될 수 있는 직업일까요? 아니면 회사에 취업해 디자인 업무를 하면 디자이너로 인정받을 수 있을까요?

사실 답은 없습니다. 하지만 디자인에 관심이 많아서

앞으로 '좋은' 디자이너가 되고자 하는 분들이 알아두었으면 하는 점들을 몇 자 적어보겠습니다.

1. 최신 기술에 관심을 가지세요

디자인은 순수 예술과 밀접하지만 같다고 보기는 어렵습니다. '무'의 상태에서 '유'를 창조하거나 심오한 정신세계를 가시적으로 표현해내는 예술과는 조금 거리가 있기 때문입니다. 오히려 디자인은 '적용'과 밀접한 관계가 있습니다.

　지금의 디자이너는 기술과 사람을 이어주는 징검다리 역할을 해야 합니다. 예를 들어, 우리 삶의 중요한 부분을 차지하게 될 인공지능을 활용한 경험을 어떤 식으로 설계할 지 고민하는 것도 디자이너의 몫입니다. 가상현실, 증강현실처럼 다른 차원과 현실이 결부되는 새로운 플랫폼들은 앞으로 더 자주 그리고 더 큰 규모로 우리 삶에 영향을 미칠 것입니다. 사용자들 입장에서 아주 생소하거나 어려울 수 있는 이러한 새로운 기술들을 더 쉽고 편리하게 이용할 수 있도록, '경험'을 디자인하는 것이 디자이너들의 새로운 역할이겠죠.

마이크로소프트, 구글, 삼성 같은 글로벌 기업들이 그들의 새로운 기술을 이용해 사람들의 삶을 획기적으로 발전시킬 디자인 비전을 제시하는 것을 자주 볼 수 있습니다. 예전처럼 단순히 기술 공개에 그치지 않고, 기술이 어떻게 구현되며, 일상 생활을 어떻게 바꿀지 함께 보여주는 식이지요.

새로운 기술이 나와도 대중화되기까지 시간이 걸렸던 과거와 달리, 지금은 신기술 발표와 거의 동시에 빠르게 상용화되고 있습니다. 이런 환경에서 기술과 사람을 이어주는 중간자로서의 디자이너의 역할은 더욱 중요해질 것입니다. 디자이너가 기술과 현실의 간극을 어떻게 이어주느냐에 따라 그 결과가 작게는 본인, 크게는 디자인을 사용하는 모든 유저들에게까지 영향을 미칠 수 있는 세상이 된 것입니다.

2. 스스로 커리어를 속박하지 마세요

디자인 프로세스를 진행할 때 'UX 디자이너' 혹은 'UI 디자이너'

처럼 디자이너를 직능적으로 분류하지만, 이는 주니어 실무진부터 중간 관리자 정도까지만 적용되는 이야기라 할 수 있습니다. 직급이 올라가면 결국에 디자이너는 모든 면을 아우르고 총 지휘해야 하는 크리에이티브 디렉터(Creative Director)의 단계에 도달해야 합니다.

　　직급이 아주 세분화되어 있는 큰 회사가 아닌 소규모 회사 혹은 스타트업이라면 좋은 쪽으로든 나쁜 쪽으로든 직능적 경계의 구분이 애초에 없을 수 있습니다. 빠르게 성장하는 테크(Tech) 기업들을 보면 디자인의 장르 구분을 의도적으로 없애, 디자이너들이 스스로의 가능성을 최대한 발휘하게끔 합니다. 그러니 본인이 디자이너로서의 커리어를 시작하기도 전에 먼저 '나는 무엇을 하는 디자이너야.' 하는 식으로 경계를 명확히 긋지 않았으면 합니다.

　　저는 디자이너의 커리어를 '일식 요리사'에 비교하곤 합니다. 막내 주방 보조 시절에는 채소를 다듬거나 생강 절임을 담그는 정도의 일밖에 할 수 없습니다. 그러나 '나는 채소를 다듬는 요리사야.'라고 경계를 긋는 요리사는 없습니다. 초밥 장인이 되고자 하는 목표를 놓치지 않고, 경계 없이 일을 습득하여 결국

손님 앞에 멋지게 오마카세(おまかせ, 주방장 특선 요리)를 대접하는 경지에 오르게 됩니다. 디자이너도 마찬가지가 아닐까요? 업무의 구분과 한계를 넘어설 때 진정한 크리에이터라 불릴 수 있을 것입니다.

3. 디자인을 언어로 구현하는 법을 익히세요

예전에는 뛰어난 디자인 결과물을 내기 위해 눈(좋은 것을 알아보는 안목)이 50퍼센트, 손(실제로 구현할 수 있는 능력)이 50퍼센트의 일을 한다고 생각했습니다. 뛰어난 안목과 숙련된 기술이 저를 뛰어난 디자이너로 만들어 줄 거라고 굳게 믿었죠. 하지만 지금은 좀 달라졌습니다. 커뮤니케이션이 40퍼센트, 눈이 30퍼센트, 손이 30퍼센트의 일을 한다고 생각합니다.

　　　디자인은 수많은 크고 작은 문제들을 해결하기 위한 방법론입니다. 더 나은 방향으로 나아가기 위한 선택과 집중의 산물이 바로 디자인이죠. 그래서 디자인 과정에는 여러 사람의 의견을 받아들이거나 조율하는 과정이 수반됩니다. 좋은 결과물을 만들고 지키기 위해 때로는 여러 사람의 의견으로부터 디자인을 방어할 수 있는 견고한 논리도 필요합니다.

규모가 큰 프로젝트일수록 많은 사람이 참여하기 마련이고, 그러다 보면 정치 문제에 얽히기 쉽습니다. 때로는 바른 의견이 존중되지 않을 수도 있습니다. 그럴 때 빛나는 것이 커뮤니케이션 능력입니다.

틈틈이 디자인을 말과 글로 표현해 보면서 디자인을 언어로 구현하는 연습을 해야 합니다. 그것이 당신의 디자인과 아이디어를 보호할 수 있는 최소한의, 그리고 최고의 창과 방패가 될 것입니다.

4. 취향을 키우세요

앞에서 말했듯 좋은 디자이너가 되기 위해서는 '좋은 눈'이 필요합니다. 여기서 눈은 시력이 아니라, 보는 눈, 즉 '취향'을 뜻합니다. 디자이너가 그림을 잘 그리는 것은 중요할 수 있습니다. 스케치의 우아함과 간결함에 대해 논하는 것도 때론 필요하죠.

하지만 정말 중요한 것은 내가 머릿속에서 어떤 그림을 그리며, 그 결과가 사람들에게 어떤 영향을 줄 수 있는지 고민하는 것입니다. 소양을 쌓다 보면 굳이 설명이 없어도 알 수 있는 '감'이 늘어나기 마련이고, 이를 바탕으로 탁월한 제안도 할 수 있습니다.

디자인을 더 깊이 공부하자는 뜻은 아닙니다. 무엇이든 많이 보고, 듣고 경험하세요. 다양한 삶의 겉과 속을 공부할 기회가 있다면, 마다하지 말고 배우세요. '고기도 먹어본 사람이 먹을 줄 안다.'는 말이 있죠. 디자인도 마찬가지입니다. 무엇이 좋은지 알려면, 더 많은 경험을 통해 취향을 갈고 닦아야 합니다.

5. 평생 직장은 없습니다

인류의 평균 수명은 계속해서 늘어나고, 기술은 끊임없이 발전해 인간의 삶을 여러모로 바꾸고 있습니다. 지난 수백 년간 촉망을 받는 직업이었던 의사, 변호사가 '미래에 없어질 직업 목록' 상위에 랭크되는 것을 보면 평생 직장은 없다는 말이 자명해 보이기까지 합니다.

디자이너라는 직종이 당장 없어지지는 않겠지만, 디자인에 대한 정의는 시대에 따라 달라지고 있습니다. 이는 우리의 일이나 우리가 몸담고 있는 업계, 회사들이 한순간에 사라질 지도 모른다는 뜻입니다. 그러니 한 분야의 디자이너로 뼈를 묻겠다는 마음가짐은 디자이너라는 업과 어울리지 않는 생각일 수도 있습니다. 현재의 일에 최선을 다하되, 언제든 변화의 파도에 올라탈 수 있는 유연한 마음가짐이 필요합니다.

흔히 '공부에는 왕도가 없다'고 합니다. 좋은 디자이너가 되기 위해서도 끊임없이 공부해야 합니다. 무작정 책을 많이 읽는다고, 대학에서 전공 수업을 열심히 듣는다고 이 공부가 끝나는 것은 아닙니다. 급변하는 세상에 걸맞은 디자이너가 되기 위해 우리는 아마도 끊임없이 주변을 관찰하고, 일상에서 새로움을 발견하며 깨달음을 얻는, 마치 '수도승' 같은 자세를 가져야 할 지도 모릅니다. 그것이 우리가 마주한 현실이고, 그 사실을 인정함으로써 우리는 더 좋은 디자이너가 될 수 있기 때문입니다.

디자인,
기술과 사용자를
연결하다

···>

　2002년에 개봉한 영화 〈마이너리티 리포트 (Minority Report)〉를 기억하시나요? 허공에 손을 휘저으면 나타나는 터치스크린, 탑승용 드론, 홍채 인식 기술 등 영화에 등장한 최신 기술은 많은 사람들을 충격에 빠트렸습니다. 그런데 20년도 채 지나지 않은 지금, 우리는 영화 속의 거의 모든 기술을 생활 속에서 만나고 있습니다.

　속도를 가늠할 수 없을 정도의 빠른 변화 덕분에 우리 삶은 편리해졌지만, 한편으로는 혼란스럽기도 합니다. 빠르게 발달하는 기술과 사용자 사이의 간극을 좁히기 위해, 디자인도 '디지털 트랜스포메이션(digital transformation, 디지털 탈바꿈)' 분야로 빠르게 확장해가며 변화했습니다. 그렇게 최신 기술은 디자인을 만나 사용자에게 새로운 경험을 제공할 수 있게 되었죠.

앞으로도 무한히 많은 새로운 삶의 패턴이 등장할 것입니다. 그 안에서 디자이너는 어떻게 경험을 디자인할 수 있을까요? 디지털 경험 디자인의 발전 과정에서 그 답을 찾을 수 있을지도 모릅니다.

열린 경험Open Experience, 실험과 반복

경험에 있어서 첫 단계는 정해진 결말이 없는 '열린 경험'입니다. 어떠한 탐구도 이루어지지 않은 무(無)의 세계, 즉 모든 것이 처음인 경우가 여기에 속합니다. 정해진 길이 없는 만큼 무엇이든 과감하게 시도할 수 있습니다.

초창기 개인 컴퓨터(PC)가 보급되기 시작하는 단계를 인류에게 불이 처음 주어진 때와 비교해볼 수 있을 것입니다. 초기 컴퓨터의 기능은 아주 단순했습니다. 커다란 계산기에 불과할 정도로 말이죠. 이런 기능은 일반인들에게 필요하지 않았고, 그래서 제품의 소비자는 대중이 아닌 소수의 전문가 집단이었습니다.

전문가들은 컴퓨터를 마치 장난감처럼 가지고 놀면서 자신의 생각대로 이렇게 저렇게 변형시키기도 하고, 제작자조차 모르고 있었던 새로운 기능을 발견하기도 했습니다. 이것이 바로 열린 결말(Open End)의 디지털 경험입니다.

실험 정신을 가진 사람들의 열린 경험이 쌓여 기술이 발전하고, 저변이 확대됩니다. 그리고 결국에는 전문가가 아니어도 접근할 수 있는 대중적인 제품이 나오기 시작합니다.

설계된 경험Architected Experience,
대중들을 사로잡은 레시피

시장에서 일반적으로 만날 수 있는 제품은 제조사가 사용자의 경험을 처음부터 끝까지 통제하는(End to End) 형태의 제품입니다.

초기 제품에 비해 대중화되었어도, 컴퓨터는 일반 대중에게 여전히 한정적 기능을 수행하는 비싼 기계였습니다. 그런 상황에서 잘 짜인 사용자 경험을 선사한 애플의 PC '매킨토시'는 혁명적이었습니다.

1984년, 애플의 CEO 스티브 잡스(Steve Jobs)는 매킨토시의 신제품 시연 행사에서 컴퓨터가 부팅된 후 "헬로(Hello)"라는 음성이 흘러나오게 하는 것에 엄청나게 집착했다고 합니다. 일부 전문가들의 전유물로 여겨지던 컴퓨터가 사용자들을 향해 인사를 하며 먼저 말을 거는 것은 기술을 재정의한 것이나 마찬가지였죠. 애플이 사용자에게 성능 좋은 물건을 사용하는 경험을 넘어 새로운 친구를 사귀는 듯한 경험을 전하면서, 컴퓨터는 소수 전문가의 전유물에서 대중의 생활 용품으로 쓰임이 확장되었습니다.

이제 사용자가 일상 생활에서 필요로 하는 기능 혹은 프로그램이 무엇인지 파악해 그에 맞는 경험을 디자이너가 설계하는 단계로 접어들었습니다. 여기에 하드웨어와 운영체제, 애플리케이션의 수준 향상은 사용자의 경험을 더욱 정교하게 만들고 확장시키는 역할을 했습니다.

대중은 매 단계 모든 것을 본인이 직접 설정해 사용하기보다 나에게 맞게, 나의 욕구를 미리 파악해 디자인하여 제공되는 '디폴트 세팅(Default setting)'에 더 큰 매력을 느낍니다. 그렇게 디자인은 실험의 결과를 집약해 이용하는 단계에서 그것을 정밀 분석 후 가공해 큐레이션하는 단계로 넘어간 것이죠.

사람 중심 경험 Human Centered Experience,
세상의 중심은 사용자

이후 디지털 경험의 발전은 어디를 향할까요? 지금까지의 디지털 경험이 개인 컴퓨터 및 스마트폰을 통한 것이었다면, 앞으로의 경험은 우리가 보고 만지는 일상 생활의 전 영역으로 그 개념이 확장됩니다. 사물인터넷(IoT)과 가상현실, 증강현실의 대중화로 인해 현실과 디지털의 경계가 무의미해질 것입니다.

　　　이제 우리가 속해 있는 실제 장소와 시간의 한계는 얼마든지 바뀌고 재정립될 수 있습니다. 홀로렌즈(HoloLens)같은 증강현실 기기만 있으면 누구나 거실 소파에 앉아 월드컵 결승전을 직접 관람하듯 생생하게 즐길 수 있고, 영화 〈마션(Martian)〉의 주인공처럼 화성에 있는 듯한 체험도 할 수 있습니다. 전 세계 각지에 흩어져 있는 팀원들과 언어의 장벽도, 시공간의 장벽도 느끼지 않으며 회의를 진행할 수도 있습니다.

스티브 잡스, 그가 지금도 많은 사람들로부터
'최고의 디자이너'라는 찬사를 받는 이유는 사용자에게 늘 새로운
경험을 주는 탁월한 크리에이터였기 때문입니다.

이 모든 경험의 중심에는 '사용자'가 있습니다. 이제는 기술적으로 현실화시키는 것보다 무엇을 할 지 결정하는 것이 더 중요해졌습니다. 단적인 예로, 마이크로소프트(Microsoft)의 파워 앱스(Power Apps) 서비스처럼 코딩을 할 줄 몰라도 애플리케이션을 만들 수 있는 제품이 이미 상용화되기 시작했습니다. 설계된 경험 안에서 가능한 역량을 최대한 뽑아내던 전과 달리, 이제는 필요한 기능을 기술의 장벽 없이 쉽게 구현하고 확장해나가는 새로운 열린 경험이 펼쳐지는 것입니다.

이러한 움직임은 클라우드 기술과 인공지능(AI)의 발전으로 더욱 가속화될 것입니다. 인터넷으로 연결된 외부 저장장치에 소프트웨어나 콘텐츠를 저장해두고, 필요할 때마다 언제든 꺼내어 쓸 수 있는 클라우드(cloud)는 공간의 제약을 무색하게 만들고 있습니다. 인공지능은 우리가 필요로 하는 것을 막힘없이 처리함은 물론, 사람이 필요함을 느끼기도 전에 미리 예측해 제시하고 있죠. 앞으로는 어떻게 하면 맛있는 요리를 쉽게 먹을 수 있을지 고민하는 것이 아니라, 인공지능이 이미 나의 생각을 읽고 반영해 잘 차려놓은 밥상을 먹을 지 말 지만 결정하면 되는 시대가 올 지도 모릅니다.

이 시대가 필요로 하는
경험 디자인은 무엇인가?

디지털 시대의 경험을 디자인하는 프로세스는 다른 분야와의 협업을 전제로 한 종합적인 개념입니다. 디자인과 엔지니어링 그리고 프로젝트 매니징의 합작품이기 때문입니다. 순수 심미적 혹은 조형적 측면에서 이상적인 모습만 구현하려 한다면 빛 좋은 개살구가 될 뿐입니다. 반대로 엔지니어링 측면에서 오직 기술 구현에만 집중한다면 사용자들에게는 그저 그림의 떡일 테죠. 비즈니스의 측면에서 머릿속의 대단한 아이디어나 기능을 입으로 외치기만 한다면, 그것은 공염불에 불과할 것입니다

사용자 경험의 중심이 소수의 전문가에서 대중으로 옮겨왔고, 이제는 전문가와 대중, 수용자와 공급자의 경계가 사라져 일체형으로 진화하고 있는 만큼 디자이너들은 대중의 진입 장벽을 낮추는 데 힘을 쏟아야 합니다. 또 사용자가 원하는 것을 파악해 실제 결과물에 바로 적용하는 민첩함도 필요하죠.

생각과 생각을, 생각과 손에 잡히는 결과를 이어주는 디자이너의 역할은 앞으로 더욱 중요해질 것입니다.

무엇^{What}을 어떻게^{How}로 왜^{Why}와 싸우기

무엇What을 어떻게How로 왜Why와 싸우기

'형태는 기능을 따른다.(Form follows function.)'라는 디자인계의 명언이 있습니다. 디자인의 기능(목적)이 결과물의 방향을 결정한다는 뜻입니다.

이 말을 패러디하여 현업 디자이너들은 '형태는 마감일을 따른다.(Form follows deadline.)'는 농담을 종종 합니다. 제아무리 혁신적이고 흥미로운 발상에서 시작된 프로젝트라 할지라도 최종 상태는 결국 주어진 데드라인과 예산 같은 외부 요인에 의해 결정되는 현실을 풍자한 자조 섞인 말입니다. 전자는 이상을, 후자는 현실을 대변하고 있습니다. 대부분의 디자이너들은 그 사이에서 합리적인 접점을 찾으며 일하죠.

어떻게 하면 목표와 외부 요인의 간섭 사이에서 중심을 지키며 원하는 디자인을 만들어낼 수 있을까요? 프로젝트를 진행할 때 우리를 올바른 방향으로 이끌어 줄 매뉴얼이 있다면 좋을 텐데 말이죠. 무조건 최상의 결과물을 내도록 하는 절대 공식은 존재하지 않지만, 일반적으로 디자인 프로세스에서 사용하는 '통용적 디자인 프로세스'가 있습니다. 5단계로 구성되어 있으며, 각 단계는 상호 유기적으로 연결되어 있죠.

1단계. 탐색 Explore

이 단계에서 우리에게 가장 중요한 도구는 '왜?'라는 나침반입니다. 가이드라인 혹은 목적이 있다 하더라도 대부분의 경우 일을 의뢰하는 쪽도, 일을 의뢰받는 쪽도 추상적 수준의 개념만 확립되어 있는 경우가 많습니다.

'우리 브랜드가 밀레니얼 세대에게 어필할 수 있는 방법을 제시하시오.'같이 현학적 수준으로 찍혀 있는 점들을 막무가내로 잇기 전에 반드시 우리는 이 점들을 '왜' 잇는 지에 관한 질문을 해야 합니다. 이 물음에 따라 호랑이 등에 타고 이동할 지 자동차를 타고 이동할 지 결정되기 때문입니다.

끊임없이 묻고 답하면서 기록해보세요. 막연하게 연관된 키워드도 좋고, 언뜻 듣기에는 너무 피상적인 아이디어도 좋고, 혹은 경쟁자들이 이미 시장에 출시한 예시라 해도 좋습니다. 이것을 한 데 모아 '왜?'와 함께 천천히 분석하고 파헤치면서 최대한 넓은 시각으로 바라봐야 합니다. 그러다 보면 어느새 다음 단계인 '규정'으로 넘어갈 수 있는 자양분을 얻게 될 것입니다.

2단계. 규정 Define

'왜?'라는 질문에서 파생된 많은 조각을 모아 이리저리 맞춰보는 과정입니다. '어디에 도달하고자 하는가'를 끊임없이 물으며 심도 있는 리서치를 하다 보면, 서로 아무런 관련이 없어 보이던 조각들에서 공통된 패턴이 발견될 것입니다. 소묘를 할 때 무엇을 그릴지 정하고 천천히 밑그림을 그려가며 큰 덩어리를 잡듯, 이 과정을 통해 프로젝트의 큰 틀을 규정해나가면 됩니다 그 예로 제가 R/GA라는 디지털 디자인 에이전시에서 디자이너로 참여했었던 마스터카드(MasterCard)의 미야모 뮤직 앱(Miyamo Music App)을 살펴보겠습니다.

이 애플리케이션이 애플 앱스토어(라틴 아메리카 지역)에서 음악 관련 1위, 전체 2위를 할 정도로 사용자들의 큰 호응을 이뤄 낼 수 있었던 이유 중 하나는 밀레니얼 세대가 무엇을 원하고 또 소통하고자 하는지에 대한 정확한 진단이었습니다.

특정 타깃에게 메시지를 전하고자 할 때는 그들이 중시하는 문화적 키워드를 조사하는 것이 큰 도움이 됩니다. 이 프로젝트의 의뢰자인 마스터카드는 새로운 소비층으로 떠오르는 밀레니얼 세대에게 브랜드를 어필할 방법을 찾고 있었습니다. 우리는 이 목적에 부합하는 작업을 하기 위해 여행, 사랑, 패션, 음악 등등 다양한 카테고리에 걸쳐 조사를 했고, 다양한 조각들이 발견되었습니다.

밀레니얼 세대의 큰 관심사이면서 그들의 소비 패턴에서 커다란 부분을 차지하는 것은 '음악'이었습니다. 그리고 또 다른 중요 관심사는 'SNS(소셜 미디어)'였습니다. 이 둘을 양 축으로 잡아 음악 애플리케이션을 만들기로 규정하고 본격적인 미야모 앱 기획을 시작했습니다.

'규정' 단계에서 이 애플리케이션을 만들어 시장에 내놓을 때까지 로드맵을 만들고, 데드라인을 중심으로 개발 일정을 짜고, 예산 및 인적 자원이 충분한가에 대한 점검도 해야 합니다. 만약 처음 추산했던 예산과 기획이 구체화된 후의 상황이 많이 다르다면 다음 단계로 가기 전에 관계자들과의 협의와 조정을 통해 가능한 목표와 타임라인을 재정립해야 합니다.

3단계. 실행Execution

밑그림을 잡았다면, 이제 제대로 그릴 차례입니다. 명암도 잡고 색상도 고르고, 하이라이트 부분에 힘도 좀 줘가면서 그림을 살리는 것이죠. 우리의 작업물이 사용자들에게 어떤 경험을 선사할지, 사용자 경험의 측면에서 치열하게 고민하는 단계가 바로 '실행'입니다.

우선 우리는 이 프로젝트가 가지는 의미를 깊게 생각해 보았습니다. 핵심은 '밀레니얼 세대'와 '마스터카드' 둘을 어떻게 연결시키느냐였는데, 우리는 마스터카드의 로고가 지닌 두 원의 교집합 부분을 마스터카드와 밀레니얼을 이어주는 시각적, 의미적 메타포로 사용하기로 했습니다. 그 모양이 꽃잎을 닮아 이것을 '페탈(Petal)'이라고 이름 붙였습니다. 그리고 애플리케이션 사용자의 아이폰(iPhone)에서 가장 많이 듣는 12개의 곡을 선정해 12장의 꽃잎으로 구성된 한 송이의 꽃이 되는 시각적 효과를 주었습니다. 사용자는 꽃의 모양을 자신이 원하는 방식으로 커스터마이즈할 수 있고, 이것을 플랫폼이나 본인의 SNS를 통해 공유할 수도 있게 앱을 구성하였습니다.

디자인을 작동하게 만들고, 사람들에게 감동을 줄 수 있는 장치를 고안하는 것이 바로 이 '실행' 단계입니다. 중간중간 유저 테스팅(user testing)을 통해 발견되는 오류를 바로잡아가며 경험의 완성도를 높이는 것도 이 단계에서 할 일이죠.

4단계. 구현 Implementation

화룡점정(畫龍點睛)이라는 사자성어처럼 눈동자를 그려 용을 하

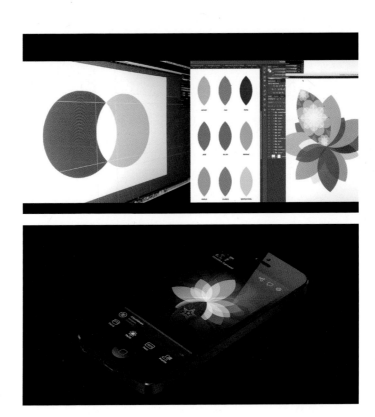

(위) 마스터카드의 로고를 모티브로 한 미야모 애플리케이션의 꽃잎 디자인
(아래) 미야모 애플리케이션 구동 화면

늘로 날아오르게 하는 단계가 바로 '구현'입니다. 성격에 따라 '실행'에서 프로젝트가 끝나는 경우도 있지만, '구현' 단계 없이 시장에 나갈 수는 없습니다.

　　미야모 뮤직 앱을 예로 들면, 음악을 재생할 때 어떤 시각 효과를 줄지, 어떤 방식으로 소셜 플랫폼에 공유할지 등을 프로그래밍하는 과정이 이 단계에 속합니다. 엔지니어와 함께 디자인의 실행 단계에서 놓친 부분을 메우거나 필요한 것을 새로 만들면서 실제 작동 가능한 상태로 만드는 것이지요.

　　일을 하다 보면 탐색과 구현, 실행 단계에 시간을 너무 많이 써서 막상 이 단계를 수행할 시간을 제대로 갖지 못하는 경우도 종종 있습니다. 그럴 땐 중요한 몇 가지 기능 외에 많은 부분을 포기하거나 전체적인 디자인 퀄리티를 낮춰야 하는 상황이 생길 수 있죠. 이런 오류를 최대한 방지하기 위해 '실행'과 거의 동시에 '구현' 단계에 들어가는 것이 일반적입니다. 구현 단계를 거치며 계획한 기능이 실제로 작동하는 데 부족한 점은 없는지, 혹은 개발 일정과 예산이 여전히 합당한 지 재차 판단할 수 있습니다. 그런 만큼, 굉장히 중요한 단계입니다.

마지막. 발행Release

시장에 결과물을 선보이는 단계입니다. 모든 과정을 거쳐 시장에 나갈 1차 완성물이 나왔다면, 이후의 결과는 '신'의 뜻에 맡기는 것도 좋겠지요. 물론 이때 우리에게 '신'이란 사용자, 대중을 말합니다.

미야모 뮤직 앱의 경우 시장의 반응이 뜨거웠습니다. 하지만 제품의 론칭이 곧 성공으로 이어지는 경우보다 그렇지 않은 경우가 훨씬 더 많습니다. 그래서 성공 확률을 높이기 위해 첫 단계인 탐색부터 많은 공을 들이는 것입니다.

반응이 예상보다 미지근하다 해도 여전히 방법은 있습니다. 적용 단계에서 디자인 혹은 제품의 한시적인 성공보다 더 중요한 것이 실제 사용자들로부터 받는 피드백(feedback)을 최대한 잘 듣고 반영하는 것입니다. 사용자 피드백을 통해 제품이 실제로 사용자들에게 어떠한 영향을 주었는지, 혹은 어떠한 기능이 얼마나 유용했는지를 데이터로 파악할 수 있습니다. 이는 제품을 만든 팀이 얻을 수 있는 최고의 교훈이며, 앞서 언급한 다섯 단계 이외에 숨겨진 진짜 마지막 단계로 이어지는 문이 됩니다.

히든 스테이지. 반복과 순환Iteration

사실 그 어떤 디자인 혹은 프로덕트도 완벽할 수는 없습니다. 그래서 한 번 완성도 높은 제품을 만드는 것보다 끊임없이 발전시킬 수 있는 역량이 중요합니다. 디자인이 발매된 후에도 끊임없이 사용자들로부터 피드백을 받고, 그것을 다시 디자인에 적용하는 선순환을 통해 디자인과 결과물은 더 발전할 수 있습니다.

　　지금까지 이야기한 '통용적 디자인 프로세스'를 잘 거쳤다 해서 상업적 성공이 보장되지는 않습니다. 다만 체계적인 과정을 통해 불시에 나타날 수 있는 변수를 통제하고, 과거의 성공 공식을 따름으로써 구조적으로 성공 확률을 높이자는 것입니다.

　　모든 과정에서 가장 중요한 것은 '왜'라는 질문입니다. 이것을 부표 삼아 '어떻게'라는 도구를 활용하여, 구체화된 '무엇'을 만들어간다면 당신은 분명 디자인을 통한 사용자의 문제 해결에 한 걸음 다가갈 수 있을 것입니다.

'멋진' 디자인을 위한 정반합

예술 '작품'은 결과뿐 아니라 그것의 창작 과정도 꽤
나 주관적인 경우가 많습니다. 대중은 예술 작품의 소비자이긴 하
지만, 아티스트가 대중의 눈높이에 맞추어 '선택받고자' 작품 활
동을 하지는 않습니다. 창조 과정도 마찬가지입니다. 협의를 통한
민주적 절차로 작품을 만들 필요는 없죠. 작품의 의도와 결과 또
한 꼭 대중의 동의를 얻을 필요도 없습니다. 대중에게 사랑받지
못하더라도 아티스트 스스로 만족한다면, 그것으로 충분합니다.

그에 반해 '제품'의 생산에는 태생적으로 투자대비수
익률(ROI, Return Of Investment)이 존재합니다. 제품은 사람들이 필
요로 하는 것을 공급함으로써 수익을 창출하는 '생산 경제 활동'

이기 때문입니다. 이 과정에서 디자인은 심미적, 기능적으로 더 뛰어난 제품을 탄생시켜 수익률을 극대화하는 역할을 합니다.

　　디자이너는 현재 상황에서 문제점을 찾아 그것을 개선하기 위해 끊임없이 궁리하고, 정교하게 다듬어 소비자들의 간지러운 부분을 해소하는 역할을 합니다. 이 과정에서 디자이너는 클라이언트(client)라는 존재와 언제나 함께할 수밖에 없습니다.

　　디자이너에게 클라이언트는, 일반적으로 디자인을 의뢰하는 모든 종류의 의뢰인을 지칭합니다. 기업이나 조직에 속한 인하우스(in house) 디자이너라면 회사의 대표, 기획자 혹은 프로젝트 매니저가 클라이언트이고, 기업이나 조직에 속하지 않고 다양한 외부 의뢰 디자인만 전문적으로 하는 디자인 에이전시에 속한 디자이너라면, 디자인을 의뢰해오는 모든 이가 클라이언트가 됩니다. 어떤 조직에 속해 있든 간에, 디자인부터 상품화하고 유통까지 혼자서 하는 1인 기업이 아닌 이상 디자인의 결과물은 클라이언트와의 합작일 수밖에 없습니다. 그래서 디자이너는 클라이언트와 함께 공통의 목표를 향해 나아가야 합니다. 그 안에는 달성해야 하는 미션도 있고, 넘어야 할 산도 있습니다. 그런데 클라이언트와 함께 가는 길은 그리 평탄하지는 않습니다.

디자이너에게 클라이언트는
어떤 존재일까요?

멋진 작업을 함께 할 수 있는 감각 좋은 파트너도 있고, 디자인 프로세스를 이해하고 디자이너의 의견을 존중하는 클라이언트도 있습니다. 하지만 아쉽게도, 항상 일하기 좋은 파트너만 만날 수는 없습니다.

　　　　디자인에 충분한 식견을 가지고 있고, 원하는 바를 현실화할 수 있는 기술이 있는 사람이라면 굳이 디자이너에게 일을 의뢰할 필요가 없을 것입니다. 대부분의 클라이언트는 도움의 손길이 필요하기 때문에 디자이너를 찾아옵니다. 그들에게는 본인이 가진 확실한 아이디어를 상품으로 구현시켜줄 사람이 필요한 것입니다. 하지만 이것이 일을 하는 데 큰 걸림돌이 되기도 합니다. 아이디어 수준의 추상적인 요구사항은 종종 원래 의도와 완전히 다른 방향으로 일을 몰고 가기 때문입니다.

　　　　프로젝트를 진행하다 보면 디자이너 입장에서 종종 수긍하기 어려운 피드백이나 디렉션을 받는 경우가 있습니다. 합리적인 피드백인 경우도 물론 많지만, 클라이언트 개인의 취향 고백인 경우도 있기 때문입니다. 클라이언트와 디자이너의 관계는 갑(甲)과 을(乙)인 만큼 클라이언트가 하는 말을 억지로 받아들이지만 속으로는 엄청난 반발심이 생깁니다.

하지만 이렇게 한 번 생각해보죠. "그렇다면 디자이너의 생각은 무조건 옳을까요?"

마음에 딱 맞는 규모와 능력을 지닌 디자인 파트너를 찾아 프로젝트를 진행한다는 가정을 해보겠습니다. 시장조사와 검증된 데이터를 기반해 세워진 사업 계획이 있습니다. 그 계획을 '토마토'를 만드는 것이라 가정해 보죠. 그런데 같이 일하게 된 디자인 파트너는 웬일인지 자꾸 '감자'와 '고구마'를 추천합니다. 그리고 너무나도 뻔뻔하게 이 감자와 고구마가 토마토보다 우리에게 필요한 것이라 열변합니다. 가슴이 그야말로 '고구마를 먹은 듯' 답답할 따름입니다. 그런데, 디자이너들은 정말 토마토가 뭔지 몰라서 감자와 고구마를 가져온 것일까요?

'정치란 최선(最先)이 아닌 차악(遮惡)을 선택하는 것'이라는 말을 자주 합니다. 어쩌면 멋진 디자인에 도달하는 과정 역시 끊임없는 '정반합'의 과정을 거치며 때로는 최선을, 때로는 차악을 선택하는 것이 아닐까요?

앞서 '디자이너는 무조건 옳은가?'와 '디자이너는 왜 감자와 고구마를 가져온 것인가?'라는 질문을 했습니다. 디자이너도 클라이언트도 모두 사람인지라 '무조건' 옳을 리는 없습니다. 개인적인 미적 취향의 고백처럼 들리는 클라이언트의 피드백도 때로는 엄청나게 중요한, 프로젝트의 필수 요소일 때가 있습니다. 그러므로 서로의 의견을 귀담아 듣고 수용하려는 태도를 잃지 않는 것이 중요합니다. 클라이언트가 디자이너 출신이 아닌 한 디자인과 비즈니스 사이에서 그들이 찾고자 하는 연결점을 시각적, 언어적 표현으로 바꾸어 커뮤니케이션 하는 것이 익숙하지 않을 수 있습니다. 디자이너는 클라이언트가 그들의 고충을 전달하는 방식에 어려움이 있음을 간과하면 안 됩니다.

이제 두 번째 질문에 대해 생각해봅시다. 클라이언트가 원하는 게 토마토라고 해서 감자와 고구마를 가져오는 것은 안 될 일일까요? 당연히 됩니다. 게다가 그들에게 필요한 것이 사실은 토마토가 아니라 감자와 고구마라는 확신이 있다면 더 강력하게 제안하는 것이 디자이너의 의무이기도 합니다. 본인의 지식과 경험을 바탕으로, 클라이언트가 놓치고 있거나 모르는 부분까지 보완하는 것이 좋은 디자이너의 덕목이기 때문입니다.

토마토와 고구마 사이의 간극은 무척 크죠.

하지만 좋은 디자이너는 클라이언트가 '고구마'를 말했을 때 그의 마음속에 있는 '고구마'를 꿰뚫어보고, 과감하게 들이밀 줄 압니다.

그럴 때 클라이언트의 입에서는 한 마디 탄성이 흘러나옵니다.

"그래요! 이게 바로 내가 원하던 거라고요!"

디자이너와 클라이언트처럼 입장이 다른 둘이 만나 같은 목적지를 향해 노를 함께 저어 나가다 보면 삐걱거리기도 하고, 때로는 잘못된 방향으로 갈 수도 있습니다. 중요한 것은 한 배를 탄 이상 양쪽 모두 노를 저어야 한다는 것입니다. 한쪽이 일방적으로 너무 강하거나 약할 경우, 배는 제자리에서 돌거나 방향을 잃을 것입니다. 끊임없이 소통하면서 서로에 대한 존중을 가지고 한 걸음씩 나아가야 합니다. 그러다 보면 우리가 원하는 곳, 아니 그 이상의 멋진 곳에 도달해 있을지 모릅니다

디자이너,
컨설턴트가 되다

●●●➤

     최근 디자인 업계의 화두는 '변화'와 '생존'입니다. 이
러한 현상은 기업 차원에서 개인 차원까지 폭넓게 영향을 미치고
있습니다.

     R/GA나 Forg 같은 세계적인 디자인 에이전시조차 요
즘은 스스로를 '이노베이션 랩(Innovation Lab)' 혹은 '컨설팅 에이
전시'라 칭하며 변화를 도모합니다. 미국 실리콘밸리의 유명 벤처
캐피털인 클라이너 퍼킨스(Kleiner Perkins)의 파트너 존 마에다(John
Maeda)가 2017년 발표한 〈기술 속 디자인 동향 리포트(Design in
Tech Report)〉에는 거대 IT 기업인 구글(Google), 페이스북(Facebook)
뿐 아니라 딜로이트(Deloitte), 맥킨지(McKinsey) 같은 초대형 비즈

니스 컨설팅 기업까지 디자인 에이전시를 인수하며, 디자인 비즈니스의 신흥 강자로 급부상했다고 밝히고 있습니다.

또 기존의 디자인 · 디지털 에이전시들은 비즈니스맨 혹은 전략가(strategist)를 대거 고용함으로써 거대 자본을 등에 업은 컨설팅 업체들과의 경쟁을 준비하고 있습니다. 이러한 디자인 업계의 변화 이면을 살펴봅시다

원스톱 솔루션을 통한
윈-윈Win-Win 비즈니스 모델로의 진화

전통적 컨설팅 업체는 그들의 클라이언트에게 전략과 비전 등을 설계해주고 수임료를 챙기는 일종의 '훈수' 혹은 '해결사' 비즈니스로 이윤을 창출해 왔습니다. 특정 목적을 달성하기 위해 '앞으로 어떻게 하면 좋을 것이다.' 같은 전략을 구축해주고, 실제 일의 진행은 클라이언트가 직접 하거나 해당 작업을 도와줄 다른 외주 업체(디자인 에이전시 같은)가 맡아서 하는 구조였죠.

하지만 컨설팅 업체들의 전략이 실패하는 경우가 늘면

서, 실행을 담보로 하지 않는 탁상공론은 실제 시장에서 쉽게 외면당할 수 있다는 것을 많은 사람이 깨닫게 되었습니다. 시장의 실체적 필요(Needs)와 그것의 적용(Implementation) 사이의 간극이 크기 때문이라는 전문가들의 지적이 이어졌죠. 그래서 컨설팅 업체들은 본인들의 전략을 실제로 구현하고, 단점을 보완할 수 있는 디자인 전문 인력을 직접 고용하거나 역량 있는 디자인 에이전시를 인수하는 방식으로 단점을 보완하기 시작합니다. 뛰어난 전략을 수립하는 것뿐 아니라 구현과 관리까지 원스톱으로 제공하는 서비스를 시장에 내놓은 것입니다.

　　기업들의 반응은 뜨거웠습니다. 클라이언트와 디자인 컨설팅 업체 모두 이득을 보는 구조였기 때문입니다. 기업 입장에서는 우선, 2차, 3차 혹은 그 이상 추가 외주에 대한 부담이 줄어듭니다. 또 외주 업체를 선정하기 위한 시간과 노력을 절약하고, 서비스의 퀄리티도 더 섬세하게 관리할 수 있게 되었습니다.

　　둘째로 상호 교류를 통한 발전적 작업이 쉬워졌습니다. 기업 입장에서 디자인 컨설팅 업체가 전략 수립부터 함께하며 진행 과정상에 문제가 있을 때 상대적으로 유연한 피보팅(Pivoting, 진행 경로를 바꾸는 일)도 가능해집니다. 셋째로 컨설팅 업체와의 결과물이 시장에서 어떤 반응을 얻고 또 무엇을 개선해야 하는지 빠르고 투명하게 볼 수 있습니다.

가치를 공유하고 싶어하는 기업들

디자인 에이전시의 근본적이고 구조적인 변화는 산업이 변화하고 발전함에 따라 생겨난 반사 작용이 아닌가 합니다. 예전에는 기업이 디자인 에이전시에 의뢰하는 일이 시즌 마케팅 혹은 기업의 브랜딩 등으로 한정되어 있었습니다. 하지만 요즘 브랜드들은 온·오프라인을 통한 라이프 스타일 혹은 색다른 브랜드 경험을 통해 기업의 가치를 대중과 꾸준히 공유하고 싶어합니다. 이를 위해 일종의 '브랜드 생태계'를 구축하죠.

다양한 전문가들이 디자인 작업에 참여하게 되었고, 디자인 업계에 요구되는 역량의 축도 다양해졌습니다. 그래서인지 최근 심리학이나 인류학 전공자들이 디자인 업계에서 비싼 몸값을 받으며 디자인 리서처 혹은 전략가로 활동하는 것을 쉽게 볼 수 있습니다.

안타까운 것은 시장이 원하는 다양한 스펙트럼의 서비스를 제공할 수 있는 디자인 회사가 많지 않다는 점입니다. 특히 디지털 트랜스포메이션의 경우 일반적인 디자인 작업보다 훨씬 더 많은 자본과 인력이 들어가기 때문이죠. 그래서 앞에서 이야기한 것과 같이 큰 규모의 IT 업체들 혹은 컨설팅 기반의 에이전시들이 최근 두각을 나타내는 것일 수 있습니다.

디자이너가 일하는 방식의 변화

디자이너 개인이 일하는 방식에도 재미있는 변화가 일어나고 있습니다. 디자이너가 일하는 방식은 여러 가지입니다. 본인이 직접 클라이언트이자 디자이너로서 독립된 형태로 작업하는 1차원적 방식과 디자인 팀으로서 클라이언트 프로젝트를 진행하는 2차원적 방식이 있죠. 다음으로는 디자이너, 클라이언트, 그리고 전문가 집단이 함께하는 3차원적 방식이 있습니다.

전통적 디자인 프로젝트들은 해결하고자 하는 목적을 가진 클라이언트에게 디자인마케팅 솔루션을 제공하는 관계로 주로 1, 2차원의 작업 방식입니다. 그러나 디자인의 영역이 디지털 트랜스포메이션까지 넓어진 지금은 디자이너가 '제시'를 넘어 '구축'까지 책임지는 경우가 많아졌습니다.

브랜딩과 마케팅의 영역을 넘어, 자율주행 자동차부터 우주여행 시스템 구축까지 이제 디자인의 영향이 미치지 않는 곳은 없습니다. 영역이 넓어진 만큼 해당 분야 전문가들과의 협업이 점점 더 중요해지고 있죠. 디자인의 힘으로 많은 문제를 해결할 수 있지만, 역설적이게도 디자인의 굴레에만 사로잡히면 놓치는 부분이 생깁니다. 디자이너가 모든 분야에 전문가가 되기란 불가능하기 때문입니다.

예를 들어, 은행 업무를 볼 수 있는 스마트폰 애플리케이션을 만든다고 가정해보죠. 입금, 출금, 송금 같은 아주 기본적이면서도 중요한 기능과 통장 잔고, 투자 기록 등에 대한 정보의 표시 등은 약간의 조사만 한다면 충분히 파악할 수 있을 것입니다. 그런데 조금 더 깊이 들어가 이 애플리케이션이 지녀야 할 모든 것을 정리한 '정보구조 표(Information Architecture)'를 그리다 보면 수십, 수백 가지가 넘는 양의 정보를 디자이너 개인이 파악하는 것 자체가 무리일 때가 많습니다. 특히 어떤 기능이 다른 기능에 우선하는지 혹은 그 은행의 고객들은 어떤 기능을 주로 사용하는지 등을 파악하기란 불가능에 가깝죠.

　　　단순히 '무엇'을 위한 작업이 아닌 '어떻게'를 위한 작업을 하기 위해서는 그 분야 전문가와의 협업이 절대적입니다. 전문가들은 수치적으로 혹은 경험적으로 디자이너가 따라갈 수 없을 만큼의 많은 가치 있는 정보를 가지고 있고, 사용자 테스팅을 통해 무엇을 파악해야 하는지 등도 알려줄 수 있기 때문입니다. 마치 등산가와 그를 돕는 셰르파의 관계처럼 말이죠.

변화와 적응

앞서 서술한 디자인 업계와 디자인 프로세스의 변화는 디자인의 여러 가지 모습 중 하나일 뿐입니다. 특히 어떤 면에서 보면 대규모 자본과 인력이 투입되는 디지털 트랜스포메이션(Digital transformation) 혹은 기업형 솔루션(Enterprise Solution)에 한정되는 것으로 볼 수도 있습니다. 거대 기업의 변화 못지않게 중소 규모 비즈니스의 변화도 거대하고, 그 안에서의 새로운 기회는 상상할 수 없을 정도로 많죠.

어떤 변화가 있든, 디자인 비즈니스의 대전제가 '가치의 판매'라는 점은 영원히 바뀌지 않을 것입니다. 그래서 저는 디자인 산업의 근간 자체가 흔들리거나 위협받는 일은 없을 것이라고 생각합니다. 오히려 어떤 프로젝트에서 디자인의 비중은 더욱 커지고 위상도 갈수록 높아지고 있죠.

디자인은 '유연함'과 '사용자 중심'이라는 가치를 내포하고 있습니다. 이는 급변하는 산업과 시장이 강력하게 요구하는 지점이기도 합니다. 누군가는 지금을 '위기의 신호'로 보지만 저는 조금 생각이 다릅니다. 지금의 변화는 디자인의 영역을 확장할 뿐만 아니라, 적극적이고 도전적인 디자이너에게는 엄청난 기회이기 때문입니다.

인문학 아는
디자이너

"애플의 DNA는 단지 기술 하나만으로 완성되지 않습니다. 교양과 인문학이 어우러진 기술을 통해 가슴 뛰는 결과를 만들 수 있습니다."

"It's in Apple's DNA that technology alone is not enough. It's technology married with liberal arts, married with the humanities, that yields the results that make our hearts sing."

최고의 디자인 경영자로 불렸던 스티브 잡스는 애플의 DNA를 설명하며 '인문학'의 중요성을 강조했습니다. 세계적인 디자인 회사인 아이데오(IDEO)나 딜로이트 디지털(Deloitte Digital),

아이비엠(IBM) 같은 IT 컨설팅 회사에서도 앞다투어 인문학 전공자들을 디자인 리서처 혹은 전략가로 뽑고 있죠. 디자이너에게 인문학적 소양이 요구되는 이유가 무엇일까요? 답은 의외로 간단합니다. 디자인은 '사람을 향하는 것'이기 때문입니다.

사람을 향한 디자인의 전제 조건

인문학은 인간의 근원적 문제에 대해 사상적, 문화적 고찰을 하는 학문입니다. '왜?'라는 질문의 답을 찾아가는 과정이기도 하죠. 전 세계적으로 인문학에 대한 관심이 높아지고 있습니다. 실용 지식에 빠져 있던 젊은 세대들도 강의를 찾아 듣고, 유명한 철학가들의 사상을 공부하며 '인간'이라는 존재에 대해 이해하고자 애를 씁니다.

디자이너들 사이에도 인문학 공부가 활발히 이루어지고 있습니다. 특히 디자인의 중심이 '제품 디자인'으로 대변되는 하드웨어적 경험에서 벗어나, UX/UI 등으로 대변되는 소프트웨어적 경험으로 옮겨온 지금, '좋은 디자인은 사용자에 대한 올바른 이해로부터 시작된다.'는 명제에 이의를 제기하는 사람은 없습니다. 인간, 즉 '사용자'를 제대로 이해하지 못하고 만들어진 디자인은 더 이상 경쟁력이 없어졌습니다.

디자이너는 다양한 분야의 프로젝트를 진행하면서 클라이언트 혹은 사용자의 상황을 객관적으로 들여다볼 필요가 있습니다. 이때 예술, 철학, 역사, 언어 등 인문학적 배경 지식을 풍부하게 가지고 있다면 문제를 바라보는 깊이는 완전히 달라지죠.

일시적인 해결책보다 근본적인 문제에 집중한다

디자인에 있어 인문학적 접근은 '공감(Empathy)'을 통해 시작할 수 있습니다. 'Be in another person's shoes(다른 사람의 신발을 신어보기)'를 통해 이 디자인을 사용하게 될 사람의 처지를 이해하고, 사용자의 상황과 관점에서 문제를 살펴보는 것이죠. 왜 이러한 문제를 겪는지, 과거에 비슷한 사례는 없었는지, 있었다면 그것의 해결책은 무엇이었고, 지금과 어떤 면에서 같고 다른지 등을 분석하면서 현명하게 나아갈 방향을 설정할 수 있습니다.

'공감의 기술'은 언뜻 보면 '연민(Sympathy)'같아 보일 수도 있지만 둘은 아주 큰 차이가 있습니다. 연민은 바라보는 사람(관찰자)이 고통을 겪고 있는 상대의 처지를 분석하기보다는, 자신의 감정을 실어 즉각적으로 도움을 주고자 하는 것을 말합니다. 이것은 디자인을 시작할 때 절대로 피해야 하는 마음가짐입니다. 연민은 미봉책에 불과합니다. 순간적인 해결책은 될 수 있으나 근본적으로는 더욱 상황을 악화시키고 말죠. 물가에서 허우적대는 아이가 있으면 당장 건져주어야 합니다. 하지만 이후에 수영하는 법을 가르치지 않는다면 잠재적 위험을 그대로 방치하는 꼴이 되어, 아이는 언젠가 더 큰 위험에 처할 수도 있습니다. 마찬가지로 사용자의 불편을 해결하겠다는 마음을 가진 진정성 있는 디자이너라면 일을 시작할 때 근본적인 문제부터 진단합니다.

실체에 다가가기

인문학은 문제의 실체에 다가갈 수 있게 합니다. 역사적인 근거와 철학적인 사유를 통해 그것을 언어적으로 풀어낼 수 있는 힘을 주기 때문입니다. 이것을 우리는 '관점'이라 부릅니다.

몇 년 전, '별에서 온 그대'라는 드라마에서 전지현씨가 입은 코트가 중국에서 폭발적 관심을 받았던 적이 있습니다. 중국 사람들은 코트를 사기 위해 한국 인터넷 쇼핑몰로 몰려들었죠. 그런데 우리나라 인터넷 쇼핑몰에서 이용하는 보안 프로그램 Active X와 공인인증서의 장벽에 막혀 상품을 구매하기가 쉽지 않았습니다. 결국 한국 브랜드인 진품 코트보다 중국의 짝퉁 판매상들의 주머니만 두둑해지는 웃지 못할 상황이 연출되었죠. 어떤 관점에서 사용자 경험을 설계하느냐에 따라 완전히 다른 결과를 가져올 수 있다는 것을 보여준 좋은 예였습니다.

한국의 많은 쇼핑몰에서 사용하고 있는 인증 체계는 몇 단계를 거쳐도 끝나지 않아, 사용자의 인내심 테스트를 하는 것 같은 느낌마저 듭니다. 복잡하기만 하고 이미 실효성은 없어진 이런 인증 절차를 유지하는 이유는 사용자의 안전이 아니라, 인증 체계의 구색 맞추기 때문이 아닌가 하는 의심이 들 정도입니다.

그런데 미국의 대표적인 온라인 쇼핑 플랫폼인 아마존 (Amazon)의 경우, 사용자가 원하는 상품을 단 한 번의 클릭으로 주문할 수 있는 '원 클릭 오더링(1-Click Ordering)' 서비스가 있습니다. 아마존 사이트에 접속되어 있는 상태라면 원하는 상품을 주문하기 위해 그냥 버튼 한 번 누르고 물건이 배송되기를 기다리기만 하면 되는 거죠. 혹은 알렉사(Alexa)라고 하는 아마존의 인공지능 스피커에게, "○○지금 주문해줘."라고 명령하면 쇼핑과 관련된 경험을 쉽고 기분 좋게 마칠 수 있습니다.

경험 디자인 측면에서 무엇이 더 좋은 디자인일까요? 누구나 후자를 택하지 않을까요?

닭이 먼저냐, 달걀이 먼저냐

아마존의 기술이 뛰어나기 때문에 단 한 번의 클릭으로 쇼핑을 즐길 수 있는, 놀라운 사용자 경험을 제공할 수 있는 것 아니냐고 반문하실 수 있습니다. 그런데 문제의 발단은 '기술'일까요, '관점'일까요?

공인인증서와 같은 한국형 인증 체계를 만들고, 승인한 사람들의 입장에서 보면 최소한의 사이버 보안을 유지해주는 이러한 장치를 굳이 없앨 필요가 없습니다. 그럴 경우 초래될 여러 부작용 때문이죠. 그런데 해킹 기술이 이미 그런 보안 기술들을 뚫을 만큼 발전했음에도 불구하고 '최소한의 장치'라는 변명에 갇혀 더 나은 경험으로 발전할 수 있는 기회를 가로막고 있는 것은 아닐까요? 반면 아마존은 사용자에 대한 근원적인 이해를 바탕으로 '최선의 경험을 선사한다.'는 본연의 목적만 바라보고 경험을 설계했을 것입니다. 기술력은 그 목적을 이루기 위한 도구일 뿐이죠. 인간에 대한 인문학적 이해, 그리고 관점의 차이가 결국 극명하게 다른 결과를 가져온 것입니다.

　　　디자인은 사람을 향합니다. 디자인의 존재 목적 자체가 인간에게 더 나은 삶을 제공하는 것이기 때문이죠. 그래서 디자인을 잘하기 위해서는 공감하는 연습을 해야 합니다. 처음에는 막연할 수 있습니다. 하지만 끊임없이 조사하고, 사유하고, 다듬어 문제의 근원을 찾아야 합니다. 사용자를 제대로 이해하지 못하고 어긋난 관점에서 시작된 디자인은 결코 올바른 솔루션에 도달할 수 없기 때문입니다. 그래서 디자이너가 인문학을 아는 것은 중요합니다. 인문학 공부는 우리가 첫 단추를 바르게 채울 수 있게 돕는 최고의 길잡이가 될 테니까요.

Chapter 2

thinking

디자이너의 생각법

관찰은 나의 힘

첩보 영화 주인공이 실전에 투입되기 전 상투적으로 거치는 관문들이 있습니다. 일종의 실전 대비 테스트 같은 것인데, 포커페이스를 한 감독관이 예상치 못했던 상황에서 "방금 복도를 지나오며 마주친 여성의 스카프는 무슨 색이지?"라던지 "식탁에 몇 개의 잔이 있었지?" 같은 질문을 합니다. 당황하지 않은 주인공은 "여성의 스카프는 빨간색이었고, 식탁에는 잔 7개가 있었습니다."라는 대답과 함께 "그런데 여자분의 걸음걸이가 불편해 보이는 것으로 보아 처음 신는 하이힐 같아 보였고, 테이블 위의 잔은 하나만 거꾸로 놓여 있더군요."라며 추가 정보까지 제공하며 탁월한 눈썰미를 자랑합니다.

물론 디자이너가 007같은 첩보원이 될 필요는 없습니다. 하지만 뛰어난 관찰력은 좋은 디자인의 중요한 전제 조건입니다. 디테일한 관찰에서 사용자에 대한 올바른 이해가 시작되고, 다양한 적용까지 생각해볼 수 있기 때문입니다.

시나리오를 구축하는 일

디자인의 영역이 인간의 활동을 넘어 자동화 혹은 인공지능화된 시스템으로까지 확장된 시대이지만, 기본적으로 디자인은 인간의 행동 양식을 발전적으로 개선하기 위한 활동입니다. 그래서 기획자도 디자이너도 인간에 대한 깊은 관심과 다양한 라이프스타일에 대한 이해가 필요하죠.

좋은 방법은 끊임없이 다른 사람들을 관찰하며 기록하는 것입니다. 소설가는 '말'을 모으는 직업이라고 합니다. 그들은 사람들을 주의 깊게 관찰하며 말과 행동을 모아 소설 속의 인물을 구성하는 데 아주 중요하게 사용하죠. 디자이너가 장편 소설을 쓸 필요는 없지만, 어떠한 상황을 가정하고 그와 관련된 시나리오를 구축할 일은 실제로 아주 많습니다.

디자이너는 시나리오 안에서 디자인을 사용하는 사용자(주인공)와 보조 인물(조연), 장소와 시간 등을 구체적으로 설정합니다. 주연과 조연의 캐릭터는 직업, 나이, 출신 지역, 소득 수준, 가족 관계, 정치 성향 등 아주 디테일한 정보들을 가지죠. 디자인을 설계하고 그것의 실체적 효용성을 증명하기 위해서는 구체적인 정보가 중요합니다. 정보가 구체적일수록 인물들과 그들을 둘러싼 이야기의 완성도가 높아지기 때문입니다.

이렇게 구축된 이야기의 구조 속에 주입시키고자 하는 행동 패턴 혹은 사물을 넣음으로써 디자인이 궁극적으로 추구하는 가치가 실제 사람들의 삶에 어떻게 융화될 지 가늠할 수 있습니다. 이는 제품 혹은 서비스가 출시되기 이전에 해볼 수 있는 일종의 가상 시뮬레이션이라고도 볼 수 있습니다. 이 작업을 통해 시장에서의 성패를 조금이나마 가늠할 수 있죠. 실제 디자인을 설계하고 나서 진행하는 유저 테스팅에 비해 변형을 가할 수 있는 폭이 넓고, 예산 또한 상대적으로 저렴한 만큼 이 부분을 치밀하게 구축하고 발전시키면 디자인의 전반적인 퀄리티를 높일 수 있습니다.

디자인 프로젝트 안에서 이러한 페르소나(Persona) 및 시나리오는 관련 업계 종사자들을 인터뷰하고 자료를 리서치함으로서 더 입체적으로 구축할 수 있습니다.

창작을 위한 연습

디자이너는 관찰력을 높이기 위해 평소에 끊임없이 눈과 귀를 열고 기록하는 습관을 지녀야 합니다. 기록이란 사진이나 동영상일 수도 있고 간단한 수기일 수도 있습니다. 중요한 것은 어떠한 수단을 통해서건 기록으로 남기는 것입니다.

저는 관심 있게 본 것을 오래 기억하기 위해 사진을 자주 찍고, 에버노트 등 스마트폰 앱에 사소한 것들까지 메모하는 습관이 있습니다. 수만 장의 사진이 스마트폰에 쌓여 저장 공간 부족으로 어려움을 겪은 적도 많습니다. 그래서 일 년에 한두 번씩 사진을 클라우드 스토리지에 저장하고 스마트폰을 완전히 비웁니다. 시간이 지나면 클라우드 스토리지 안 사진들을 꺼내보며 어떤 일들이 있었는지 머릿속에 정리합니다.

하지만 재빠르게 특징을 캐치하는 눈썰미를 키우기 위한 진짜 훈련은 스마트폰이나 수첩에 메모를 하며 이루어집니다. 통근을 위해 주로 이용하는 뉴욕의 메트로 1호선 열차를 타고 있으면 다양한 인종, 직업, 연령을 볼 수 있습니다. 특히 어떤 역에서 타는지 내리는지에 따라 그들의 직업과 라이프스타일이 대략 예상이 됩니다. 그래서 저는 앞이나 옆에 위치한 다른 승객을 관찰하며 그들에게서 취합한 파편적 정보를 바탕으로 짧은 관찰 노트를 씁니다. 메모는 이런 식입니다.

'72번가 역에서 탄 여성. 40대 초반의 백인. 브룩스 브라더스(Brooks Brothers) 스타일의 투피스와 케이트 스페이드(katespade) 핸드백을 소유. 자리에 앉아 신형 갤럭시 스마트폰으로 끊임없이 이메일을 함. 구두 굽은 5cm 정도. 42번가 역에서 내림. 예상 직종은 컨설팅, 회계 혹은 프로젝트 매니저. 회사에서 직급은 매니저급 이상으로 추정. 예상 소득 18만 달러에서 25만 달러 사이.'

그리고 시간이 있는 날이면 여기에 살을 덧붙여 그들

이 평소에 관심을 두고 즐기는 것은 무엇이고, 반면에 피하고자 하는 것은 무엇인지 적어봅니다. 그것을 기반으로 필요할 만한 서비스는 무엇인지 짤막하게 적죠. 정보의 정확성은 중요하지 않습니다. 왜냐하면 이것은 눈과 뇌를 트레이닝해 빠르게 특징을 캐치하고 필요한 부분에 연결하는 접점을 찾는 연습이기 때문입니다.

이렇게 적은 관찰 노트가 쌓이면 인물들의 특징을 디테일하게 파악하고, 디자인을 설명하는 이야기를 구축하는 데 큰 도움이 됩니다.

페르소나 활용의 예

'파딥'은 보스턴을 근거지로 한 금융 투자 회사의 전산 시스템 구축 프로젝트를 위해 만들었던 페르소나였습니다. 인도계 금융사 임원을 모델로 만든 가상의 인물 파딥은 저의 관찰 노트의 좋은 예입니다. 제가 과거에 만났던 사람과 나누었던 이야기, 눈으로 관찰한 외형, 조사와 상상을 통해 만든 백그라운드를 바탕으로 구축한 페르소나였기 때문입니다.

'파딥'은 인도에서 건너온 이민 1세대 부모 밑에서 출생해 자란 인도계 2세 미국인 CEO이다. 금융권 업무 경력은 25년 정도 되었으며, 유창하게 미국식 영어를 쓰지만 인도계 악센트가 아주 약간 남아 있다. 옷차림은 언제나 깔끔하고 프로페셔널 하지만, 인도계 특유의 색감을 과시하는 듯한 노란색과 보라색 넥타이를 즐겨 맨다.

리서치와 관련자 인터뷰를 통해 잡아낸 프로젝트 연관 카테고리들을 1점~5점까지 점수로 기록해 시나리오 구축에 사용하기도 합니다. 파딥의 기술 친화도는 4점, 회사 전산 시스템의 정보 접근도에 대한 만족도는 3점, 디지털 플랫폼 활용도는 2점입니다. 금융회사의 임원인 그는 함께 일하는 직원들의 기대에 부응하고 싶어 합니다.

이를 바탕으로 더욱 구체적인 목표를 세우고, 유저 시나리오 구축에 필요한 접점을 디테일하게 구축해 나갑니다.

파딥은 조직의 리더로서 '당면한 내외의 여러 도전에 과감하게 돌진한다.'는 마음가짐으로 업무에 임합니다. 그에게는 3년 안에 이루고자 하는 단기 목표가 있는데 '디지털 시스템 개편

가상의 인물 '파딥'을 이미지화한 스케치입니다.

실제로 어딘가 존재할 것만 같은 생생한 페르소나를 통해

사용자 경험을 더욱 디테일하게 설계할 수 있습니다.

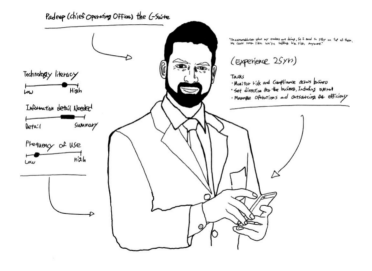

을 통해 직원들의 업무 효율성을 높이고, 더욱 빠르게 사업의 전략을 실행에 옮긴다. 외주 프로젝트도 적극 활용해 사업에 필요한 부분들을 빠르게 조달한다.'는 것입니다.

페르소나의 프로파일링이 완성되면 '목표' '필요점' '유의사항' 등으로 세부 항목을 나누고 각 항목에 디테일한 정보 및 코멘트 등을 추가하여 페르소나에게 입체성을 부여합니다.

'파딥'은 우리 팀이 개발하고 있는 통합 디지털 전산 시스템의 유저를 대표하는 캐릭터가 되었습니다. 이제 우리는 파딥을 사용 시나리오에 완벽하게 녹여내어, 이 시스템을 통해 클라이언트가 효율성을 어떻게 증진시킬 수 있는지 시뮬레이션을 통해 보여줍니다.

이러한 스토리텔링은 프로젝트 기획자와 디자이너가 디자인에 대한 확신을 갖게 하고, 디자인을 의뢰한 클라이언트도 디자인에 대해 더 잘 이해할 수 있게 합니다. 또한 이 스토리를 계속해서 점검하고 발전시켜 나가며 처음 기획 단계에서 미처 생각하지 못했던 문제점을 발견해 고쳐나갈 수도 있습니다.

페르소나 구축과 시나리오 작성에 중요한 밑거름이 되는 '관찰'은 꾸준한 연습을 통해 발전시켜 나갈 수 있습니다. 모든 관찰 기록이 기승전결의 구조를 지닌 이야기일 필요는 없습니다. 흐르는 대로 가능한 만큼 일단 적는 것이 중요합니다. 계속해서 관찰 노트를 적다 보면 점차 관찰하는 방식도 다양해지고, 흥미로운 포인트를 빠르게 잡아 이야기를 발전시켜 나가는 자신만의 노하우도 생깁니다. 또 평소에 알고 있던 상식과 여러 프로젝트를 거치며 얻게 된 리서치 데이터 등과 결합해보면서 관찰을 바탕으로 구축한 페르소나를 어떤 식으로 실제 디자인과 연결할 수 있을지 고민할 수 있습니다.

사실 짤막한 노트 한두 개가 혹은 단편적인 사진 기록이 디자인 프로젝트에 바로 사용할 수 있는 페르소나 혹은 시나리오가 되긴 어렵습니다. 관찰을 통해 페르소나와 그와 연계된 스토리텔링을 만드는 것은 운동 선수들이 하는 기초 체력 훈련과 비슷합니다. 그래서 실제 프로젝트에 페르소나 구축이 필요할 때면 거침없이 평소에 쌓아 놓은 관찰의 자양분 속에서 아이디어가 튀어나올 수 있도록 하는 것이죠. 마치 언제나 꺼내먹을 수 있는 밑반찬을 냉장고에 넣어 두듯이 말입니다.

디자인과 스토리텔링

"그림 한 장 그려줘, 너 성공하면 비싸지는 거 맞지?"
대학 전공을 디자인으로 선택한 후로 종종 주변 사람들에게 들었던 말입니다. 이중섭 같은 화가의 길이 제가 선택한 길이 아님을 설명해주고 싶었지만 '그게 그거 아니냐?' 하는 반문을 들을 때면 의례적으로, '시간 되면 한 장 그려드릴 테니, 비싸게 사 가세요.' 하고 웃고 넘어가기 일쑤였습니다.

디자이너의 위상이 예전에 비해 높아진 요즘은 이런 질문을 하는 분들이 조금은 줄었을 것으로 생각합니다. 하지만 디자이너라는 직업은 과연 무엇일까요? 물건을 만드는 사람? 로고를 만드는 사람? 아니면 문제를 해결하는 해결사? 다양한 방식으로 정의를 내릴 수 있을 겁니다. 재미있는 것은 그 업에 대한 정의가 시대와 트렌드에 따라 진화 혹은 변형되기도 한다는 것입니다.

현재의 변화 추이를 바탕으로 요즘 시대가 요구하는 디자이너의 덕목은 무엇일까요? 제 생각에는 무언가를 그리는 능력보다 '스토리를 다룰 줄 아는 능력' 아닌가 합니다.

디자이너도 이야기꾼이 되어야 한다

현대인은 더는 필요에 기인한 소비만 하지 않습니다. 또한, 소비를 위한 합리적 선택 기준도 사용성이 전부가 아니죠.

시장이 발달해 포화되면서 심미적인 측면과 사용자 경험 측면 모두 수준 높은 경지에 도달했습니다. 소비자의 눈높이도 덩달아 많이 높아졌죠. 프로덕트 혹은 서비스를 어필할 때 그것의 기술적 스펙과 높은 사용성은 장점이라기보다 이미 기본 사양이 되어버렸습니다. 요즘 소비자들은 프로그램을 사용하다가 단 한 가지라도 불편한 지점(미적 혹은 경험적)이 포착되면 바로 삭제해버립니다. 양보다 질을 추구하는 이 시대에 남들과 다른, 경쟁력 있는 디자인을 만들기 위해 우리에게 필요한 것은 무엇일까요? 저는 '스토리'라고 생각합니다.

강력한 스토리텔링은 가장 좋은 브랜딩

박혁거세는 정말 알에서 태어났을까요? 로마를 건국한 쌍둥이는 정말 늑대 젖을 먹고 자랐을까요? 요즘의 과학적 기준에서 보면 대답은 '아니오.'입니다. 그런데도 동서고금의 역사를 통해 우리가 어렵지 않게 접할 수 있는 패턴은 몰입도가 탁월한 영웅담, 즉 '건국 신화'입니다. 왜 사람들은 이렇게 신화에 집착할까요? 신화를 통해 파생된 가치와 이야기는 시공을 관통하며 한 국가의 캐릭터를 만드는 데 이바지하기 때문입니다.

　　　브랜드라는 것은 한두 번의 뛰어난 디자인적 성공으로 만들 수 없습니다. 돌 여러 개가 켜켜이 쌓여 공고한 성벽을 만들듯, 수많은 노력의 축적이 필요하고, 한쪽 면만을 볼 것이 아니라 다양한 측면 모두 감싸안을 수 있는 깊이 있는 총괄적 디자인 디렉션이 있어야만 합니다.

많은 사람들이 애플(Apple)이라는 브랜드를 '남다르다'고 인식합니다. 여기에는 애플의 창업주 스티브 잡스의 카리스마 있는 면모뿐 아니라 그의 복잡한 가정사, 여러 튀는 행동들(예를 들면 머리를 식히기 위해 변기에 발을 담그는 것과 같은 기행들)이 한몫 했죠. 애플은 광고와 제품을 통해 창업주의 이러한 이미지를 자신들의 기업 DNA로 품고 발전시켰습니다.

"여기에 미친 사람들이 있습니다. 혁명가들. 문제아들 … (중략) … 세상을 다르게 보는 바로 … (중략) ... 왜냐하면, 세상을 바꿀 수 있다고 믿을 정도로 미친 사람들이 실제로 세상을 바꾸는 사람들이기 때문이죠."

"Here's to the crazy ones. The misfits. The rebels. The troublemakers … The ones who see things differently … Because the people who are crazy enough to think they can change the world, are the ones who do."

로고 하나, 광고 한 편 잘 만들었다고 브랜딩이 완성

되지는 않습니다. 작게는 어떤 색을 쓰게 된 이유부터 크게는 어떤 방향으로 사용자들의 삶에 변화를 주려고 하는지까지, 이른바 '썰'을 가지고 있어야 훌륭한 브랜딩이 됩니다. 그것은 곧, 차고 넘치는 유사 제품 혹은 서비스 사이에서 고객을 한 번이라도 더 찾게 할 가장 큰 이유가 됩니다.

　　　요즘은 마케팅 차원의 스토리텔링뿐 아니라, 상품 기획 단계부터 탄탄한 가상 시나리오를 작성합니다. 사용자의 삶에 이 기능들이 어떤 영향을 미칠지 구체적으로 상상해보고, 디자인에도 적용하기 위해서죠.

'여성들의 로망'에서 '기념일을 깜빡 잊은 남편을 위한' 주얼리 브랜드로

티파니(Tiffany&Co)의 글로벌 웹사이트 리 디자인 프로젝트를 수주할 때 일입니다. 당시 우리 팀은 준비 과정의 70퍼센트 정도를 만들고자 하는 웹사이트의 경험이 티파니에게 어떠한 시너지 효과를 가져다줄 수 있을지 논의하는 데 사용했습니다.

우리가 생각하는 중심 기능마다 그에 맞는 페르소나를 만들고, 그들의 출신, 직업, 경제력에 따라 이들이 온라인 혹은 오프라인 매장에서 이 브랜드를 어떤 식으로 접하고 경험하는지 마치 소설처럼 디테일하게 묘사했습니다. 그렇게 브랜드 가치를 잘 살릴 수 있는 10여 개의 탄탄한 스토리를 완성했죠.

예를 들면 결혼한 지 1년 된 남편이 결혼기념일을 특별하게 만들고 싶었지만 아쉽게 미리 선물을 준비하지 못한 상황을 전제로, 어떻게 하면 인공지능과 현재 위치 정보 등을 기반으로 빠르고 쉽게 선물을 마련할 수 있는가에 대한 스토리를 만들었습니다. 그러자 사이트 디자인을 할 때 정교하게 짜인 스토리에 기반한 우리만의 디테일을, 원하는 플랫폼에 담을 수 있었습니다. 디자인뿐 아니라 스토리에 방점을 둔 접근으로 클라이언트에게 감동을 줄 수 있었고, 저희 팀은 프로젝트를 수주할 수 있었죠.

스토리가 전제되지 않은 디자인은 빈 껍데기일 뿐

솔직히 말해 요즘 조금 과하다 싶을 정도로 여기저기서 디자이너에게 많은 것을 갖춰야 한다고 말합니다. 심지어 디지털 디자이너들은 코딩도 배워야 하나 고민하죠. 그런데 거기에 이제 스토리텔링까지 공부해야 한다니, 너무 과한 것은 아닐까요? 또, 어떤 분들은 '스토리를 만드는 것은 기획자의 일 아닌가요?'라며 반문할 수 있습니다.

기획자 혹은 브랜드 전략가가 많은 역량을 발휘할 수 있는 부분이라는 의견도 맞는 말입니다. 하지만 디자이너와 기획자를 칼로 자르듯 구분할 수는 없다고 생각합니다. 디자인은 문제해결을 위한 방법론이라고 숱하게 듣지 않았던가요? 누구는 기획만 하고 누구는 만들기만 하는 것이야말로 요즘 시대에는 맞지 않는 분업 방식 아닌가 합니다.

게다가 브랜딩이라는 핵심 가치가 소비자의 마음을 움직일 수 있는 가장 큰 이유가 된 지금, 디자이너도 더욱 전략적이어야 하고, 손으로만 일하기보다, 머리와 가슴을 움직이는 방법을 배워야 합니다. 무언가 실체적으로 만들 수 있는 디자이너의 능력과 스토리텔링의 힘이 합쳐진다면 분명 더 효과적으로 사람들의 마음을 움직일 수 있을 것입니다.

디자인에
표준이 있을까?

구글이 2014년 첫 공개한 머티리얼 디자인(Material Desgin) 1.0 버전과 2018년 공개한 업그레이드 버전 2.0 모두 디자인계에서 큰 화제가 되었습니다.

'머테리얼 디자인'이란 일종의 구글 디자인 시스템 가이드라인인데, 디자인이 상황에 따라 어떻게 보이고 작동되며 또 응용되어야 하는지에 대해 아주 상세히 기술되어 있습니다. 디자인 업계에서 가장 뛰어난 인재를 뽑기로 정평이 난 테크 기업 중 하나인 구글이 공들여 내놓은 디자인 가이드라인의 두번째 버전인 만큼, 공개 후 한동안 SNS에 구글의 디자인 시스템에 대한 찬사가 넘칠 정도로 큰 반향을 일으켰습니다.

이 서비스에서 구글은 다양한 서비스를 사용자에게 알맞게 제공하기 위해 디자인과 엔지니어링의 시선으로 사용자 경험의 거시적 부분부터 디테일한 부분까지 체계적으로 정리해 놓았습니다. 이런 노력에 디자인 커뮤니티를 넘어 많은 사용자가 찬사를 보내는 것은 당연한 일일지 모릅니다.

시스템이 디자이너를 대신할 수 있을까?

심지어 어떤 사람들은 이렇게 말합니다. "디자인 가이드라인이 결국 디자이너를 대체할 것이다." 얼핏 들으면 일리 있는 말입니다. 구글의 머테리얼 디자인뿐 아니라 마이크로소프트의 플루언트 디자인(Fluent Design), 애플의 휴먼 인터페이스 가이드라인(HIG)까지. 세계 굴지의 기업에서 천문학적인 예산과 인력을 써가며 만든 디자인 시스템이라면, 당연히 디자인과 관련해 옳은 말만 썼을 것이라 생각할 수 있죠.

디자인 시스템을 잘 활용하면 미관상 나쁘지 않고 사용자가 사용하는 데 무리 없는 디자인이 나올 확률은 올라갑니다.

한마디로 '수율 좋은' 디자인을 뽑아낼 수 있습니다. 그런데 몇몇 사람들의 예상처럼 디자인 시스템이 디자이너를 대체할 만큼 파급력이 대단할까요? 이 질문의 답을 찾기 위해, 디자인 시스템의 이면에 대해서도 이해할 필요가 있습니다.

플랫폼 싸움의 첨병이 된 디자인

현재 거의 모든 테크 관련 회사들은 디자인 시스템 구축과 발전에 과감한 투자를 하고 있습니다. 생산 방식을 개선하여 시장을 더 빨리 장악하고, 헤게모니 싸움에서 승리하기 위해서입니다.

산업혁명 이후 장인의 손에서 만들어지던 여러 물건이 규격화된 공장에서 생산되는 제품으로 바뀌었고, 길게 늘어선 생산라인을 통해 쏟아져 나오는 상품들은 전 세계의 경제적 사회적 문화적 판도를 바꾸었습니다. 새로운 패러다임에 빠르게 적응한 국가와 민족은 근현대사 속에서 강자로 군림했고, 적응에 실패한 쪽은 억압과 피지배의 굴레에서 벗어나기 어렵게 되었죠.

현재 테크 업계의 최대 화두 또한, 누가 더 발달한 프레임으로 패권을 장악하느냐입니다. 어느 회사가 더 수율 좋고 불량 없는 서비스를 제공해 사용자들을 그들의 생태계로 더 많이 유치하는지가 관건이죠. 이를 위해, 다양한 비즈니스 혹은 서비스 제공자가 디자인에 대한 높은 이해 없이도 빠르게 결과물을 낼 수 있도록 디자인 가이드라인 같은 템플릿과 공식을 제공합니다.

디자인 시스템은 각각 다르지만 철저하게 사용자 중심으로 설계되었다는 공통점이 있습니다. 그러면서 한편으로는 고도로 계산된 차이점들을 심어두어, 다른 생태계와의 차이점을 생성하고 또 유지합니다. 예를 들어 애플의 iOS용 앱을 제작할 때 많이 참고되는 '휴먼 인터페이스 가이드라인'에서는 원형으로 된 메뉴 버튼의 사용(안드로이드용 앱에서 자주 보이는)은 지양하기를 권장하며, 심한 경우 앱스토어 등록을 불허할 수도 있다고 으름장을 놓습니다. 또 iOS의 경우 메인 내비게이션이 화면 하단에 위치하고 안드로이드의 경우에는 상단에 위치하는 경우도 많습니다.

디테일의 차이를 끊임없이 디자인 가이드라인으로 체계화시킴으로써 디자인의 생산자와 사용자 모두 평소에 사용하던 생태계 외의 서비스를 접했을 때 진입장벽이 생기게끔 하는 것입니다. 그리하여 개인의 성향에 따라 다를 수 있겠지만 많은 경우

한 번 애플을 사용하면 계속 애플을 사용하고, 한 번 안드로이드를 사용하면 계속 안드로이드를 사용하는 패턴이 생기는 것입니다.

그렇다면 앞으로 우리가 마주하게 될 대부분의 디자인과 서비스는 특정 디자인 가이드라인을 따른 결과물로만 존재하게 될까요? 그리고 그것은 옳은 방향일까요? 아마 아닐 확률이 높습니다. 왜냐하면, 이 디자인 가이드라인은 태생적 한계를 지니고 있기 때문입니다.

첫째, 디자인 가이드만 따라간다면
반쪽짜리 결과만을 얻을 확률이 있습니다

디자인 가이드라인이 브랜딩을 근간으로 구축된 시스템이긴 하지만, 디지털 환경이라는 제한된 상황에서의 적절한 행동 양식 설계가 목적입니다. 그런 만큼 기능성과 효율성에 주안점을 두고 만들어졌음을 부정할 수 없습니다.

디자인이란 엔지니어링과 다르게 이성과 감성 모두를 만족시켜야 합니다. 가이드라인을 맹신하다 보면 분명 작동되지만, 사용자 입장에서 오히려 쓰고 싶지 않은 결과가 나올 수 있죠. 한마디로 매력 없는 존재가 탄생할 수 있습니다. 사용자 입장에서 그렇게 나온 서비스들만을 마주하는 것은 대형 마트에서 그저 그런 양산품을 만나는 것과 같은 느낌일 수밖에 없습니다.

역설적이게도 많은 사람이 어도비 플래시로 만들어진 웹을 아직도 기억합니다. 조금 느리고, 사용하기 불편했지만, 스토리와 아이디어 위주의 전개가 지금보다 많았고, 레이아웃도 다양했기 때문일 것입니다. 우리가 아직 아날로그 감성을 원하고 소비하는 이유와 같습니다. 마치 스마트폰으로 음악을 어디서나 쉽게 들을 수 있음에도 LP를 통해 음악을 감상하듯 말이죠. 그리고 사람들이 찾는 매력 있는 디자인은 정형화된 모습보다, 재즈 음악 같은 비정형적인 것일 수 있습니다.

둘째, 사람들은 끊임없이
변화하는 디자인을 원합니다

세상에 영원한 것은 없고, 디자인도 마찬가지죠. 디자인이 언제나 발전하지 않을지는 몰라도, 분명 끊임없이 변화할 것입니다. 반복해서 접하는 것에 싫증을 느끼는 것이 인간의 본성이고 산업적, 문화적 변화 또한 디자인 트렌드 변화에 한 몫 합니다. 패션계에서도 끊임없이 시즌마다 변화한 모습을 보여주기 위해 새로운 룩을 만들기도 하고 수십 년 전에 유행했던 것들을 변형시켜 다시 소개하는 등 부단한 노력을 하죠.

현재 접하는 많은 시스템 디자인은 우리가 1990년대와 2000년대에 보아왔던 디자인들과는 전혀 다릅니다. 그리고 그러한 변화의 적용은 큰 규모로 빠르게 번집니다.

예를 들어 사물을 최대한 비슷하게 구현해 보여주던 '스큐어모피즘(Skeuomorphism)'은 전통적으로 서비스 디자인에서 사용되던 방식이었지만, iOS 7의 등장 이후에 시각적 장치를 2차원적 비주얼로 풀어내는 '플랫 디자인(Flat design)'이 대세가 되었습니다. 이 변화가 일어나는 데는 그리 오랜 시간이 걸리지 않았죠. 나중에 다시 스큐어모피즘의 열풍이 불어 플랫 디자인 스타일은 찾아보기 힘들 수 있습니다. 그때가 되면 현재의 디자인 가이드라인에 나온 비주얼 스타일들은 무용지물이 되는 것입니다.

셋째, 가이드라인 또한,
결국 사람이 만드는 것입니다

가이드라인 작업의 이면에는 부족한 부분을 메우려고 하는 완벽함에 대한 추구가 있습니다. 그러나 완벽한 디자인이라는 것이 존재할까요? 가이드라인을 만드는 것은 결국 사람입니다. 현재의 가이드가 디자인적으로 완벽하다 할 수는 없을 것입니다.

디자인이 수식적으로 딱 떨어지는 수학 공식 같은 것이 아닌 만큼, 디자인 가이드라인을 만들 때 여러 옵션 중 미적으로 가장 뛰어난 것을 기준으로 하기보다, 대중적이고 더 안정적인 방향을 선호할 확률이 꽤 있습니다. 그러한 선택들이 쌓이다 보면 결국에는 사용자들을 즐겁게 해주는 미적인 요소에 대한 고려가 소홀해질 수도 있습니다.

많은 사람이 이미 익숙하게 사용한다고 해서 그것이 최고는 아닙니다. 새로운 디자인을 제시하길 부담스러워하고, 사용자가 익숙하다 여기는 그 자리에 머물러 있다면, 세상에 디자인은 더 이상 존재할 필요가 없을 것입니다.

디자인 가이드라인을
이렇게 대하면 어떨까요?

기업들은 앞으로도 헤게모니 싸움에서 승기를 잃지 않기 위해 끊임없이 부족한 부분을 메우거나 겉모습을 바꾸어 가며 개편된 새로운 버전을 론칭할 것입니다. 디자이너들은 이 가이드라인을 어떻게 바라보아야 할까요?

성스러운 말씀이 담긴 경전같이 대하기보다는, 현재 이회사가 혹은 이 생태계가 가고자 하는 디자인적 지향점을 잘 정리해 보여주는 레퍼런스로 대하는 것이 옳을 것입니다. 수학의 정석 같은 교재처럼 좋은 공식과 예제들이 있고 잘만 익히면 다른 곳에서도 잘 활용할 수 있는 그런 것 말이죠.

당연히 구체적인 비즈니스의 요구가 있거나, 구글, 애플, 마이크로소프트 같은 테크 기업의 자사 서비스라면 아주 엄격히 이 가이드를 따라야 합니다. 실제로 종종 클라이언트가 이러한 부분을 프로젝트에 명기하는 경우도 있으니까요. 때로는 에이전시가 클라이언트에게 특정 포인트에서 디자이너들이 왜 이러한 판단을 내렸는지 설명할 때, 머테리얼 디자인 혹은 휴먼 인터페이스 가이드라인 등의 권위를 빌어 제안을 하곤 합니다.

그렇지만 어떠한 디자인의 성립 이유가 무조건 '구글 디자인 시스템이 그렇게 하니까.'같은 식으로 설명되지 않았으면 합니다. 클라이언트의 문제 해결을 위해 이를 참고하는 것도 좋지만, 직접 연구하고 길을 찾으며 얻는 것을 직관적으로 제시하는 것이 디자이너의 존재 이유라고 생각합니다.

A와 B 사이의 점을 잇는 것이 디자이너의 역할입니다. 그 행위는 경험과 직관, 취향 등의 복합적인 결과물이고 또 그 과정 또한, 기계적이기보다는 상당히 인간적이죠.

기술이 발전하고 더 많은 디자인 트렌드가 양산되면서 디자이너에게 끊임없이 새로운 시각과 새로운 환경에 적응하는 능력이 요구될 것입니다. 그럴수록 디자인 가이드에 속박되기보다, 더 나은 결과를 위한 옵션을 제공해주는 도구로 바라보고 사용했으면 합니다. 이런 의미에서 본다면 분명 디자인 가이드가 디자이너를 대체할 것이라는 주장은 하나의 의견 그 이상 그 이하도 아니리라 생각합니다.

사랑받는 브랜드를
만들어라

'찰칵'하는 카메라 셔터 소리에 마음을 빼앗긴 적이 있습니다. 디지털카메라를 구매하기 위해 여러 브랜드의 카메라를 테스트 해보았으나, 이미지 퀄리티와 부가 기능들마저 다들 비슷해 우열을 가리기 힘들었죠. 그런데 그중 한 카메라만은 사진을 찍고 나면 뭔가 다른 느낌을 주었습니다. 이 브랜드의 이미지 센서 감도가 좋기로 정평이 나긴 했지만, 추가적인 기능도 적고 손에 편하게 잡히는 그립감도 없는 카메라였습니다. 편하게 그 카메라를 들기 위해선 핸드그립을 추가 구매해야 할 지경이니, 소비자로서 약간은 황당하기도 했습니다.

그런데 그 카메라를 손에 들고 있노라면 하늘하늘한

실크를 손등으로 쓰다듬듯 부드럽기도 하여 조심스레 대하게 되고, 손끝이 간질거리기도 했습니다. 빨간 점이 달린 그 카메라는 불편한 주제에 가격마저 더 비싸기까지 했고요.

그럼에도 저의 최종 선택은 손에 잡으면 잡을수록 더 갖고 싶게 만드는 그 카메라였습니다. 이 카메라는 그날부터 무언가 찍고 싶은 순간이면 가장 먼저 찾는 물건이 되었습니다. 짐작하실 수도 있겠지만, 독일의 카메라 브랜드, 라이카(Leica)에 대한 이야기입니다.

라이카는 선망하는 대상과의 사랑입니다

라이카의 카메라 센서가 다른 카메라 브랜드에 비해 뛰어나기는 하지만 기술의 간극은 미미합니다. 비유하자면 일반인과 올림픽 달리기 선수의 기록 차이 정도라기보다는, 올림픽 선수들 사이에서 결승 진출 선수와 예선 탈락 선수의 격차 정도죠. 특히 셀프 촬영과 1인 방송을 위한 카메라가 대세인 지금 시대와는 어울리지 않는 카메라로도 볼 수 있습니다. 하지만 다루기 쉽고 저렴한 카메라를 선호하는 대중들은 애초에 라이카의 타깃이 아닙니다.

저는 라이카 매장에 들어서기 전 늘 마음의 준비를 했습니다. 아주 깔끔하고 화려한 외관은 범접할 수 없는 기운을 풍기죠. 매장 안에 들어서면 카메라가 마치 귀중한 보석인 양 유리장 안에 넣어 전시되어 있습니다. 매장 안의 사람들은 카메라를 함부로 만지지 못하고 우선 바라보죠. 의도적으로 만들어진 이 물리적이고도 심리적인 거리감 탓에 더 강렬한 갈망이 생깁니다. 가지지 못할 거라면 처다보지도 말라는 듯한 암시를 통해 묘한 호승지심(好勝之心)을 자극하는 것이죠.

이것은 모두 라이카라는 브랜드가 가지는 가치와 오랫동안 쌓아온 스토리를 바탕으로 치밀하게 계산된 브랜드 전략입니다. 라이카 카메라를 소유하는 것은 단순히 한 대의 카메라를 사는 것이 아니라 그들의 역사를 공유하는 것을 의미합니다. 인류 역사의 명장면을 기록해온 브랜드를 손에 들고 있다는 기쁨에 들떠 마치 내가 엘리어트 어윗(Elliott Erwitt)이 되어 체 게바라(che guevara)를 찍듯이, 혹은 토마스 횝커(Thomas Hoepker)가 되어 무하마드 알리(Muhammad Ali)를 찍듯이 심취해 사진을 찍습니다. 미국 영화사의 영광을 함께했던 매그넘(Magnum)의 사진가들처럼 화려한 장면을 연출해보기도 합니다.

물론 라이카 카메라를 쓴다고 누구나 앙리 카르티에 브레송(henri cartier-bresson)과 같은 수준의 명작을 남기는 것은 아닙니다. 그러나 '명기'를 소유함으로써 누릴 수 있는 선망과 동경, 그리고 그것의 간접 체험은 돈으로 살 수 없는 이 브랜드만이 선사할 수 있는 기쁨이죠.

이와는 약간 다른 종류의
브랜드에 대한 사랑도 존재합니다

한국에 방문할 때면 저는 가능한 국산 브랜드의 상품을 구매하려 합니다. 한국 상품들은 디자인뿐 아니라 품질도 다른 나라의 공산품에 비해 확실히 좋습니다. 한국의 경제 성장을 견인했던 제조업의 높은 수준이 고스란히 남아 있기 때문일 것입니다.

우연히 홍대 쪽에서 시간이 남아 근처에 있던 로우로우(RawRow) 매장에 들어가 구경할 일이 있었습니다. 아무 의미 없이 들어간 매장에서 마주한 가방들의 디자인은 쓸데없이 고급스

럽지 않았고, 어느 곳, 어떤 상황에도 잘 어울릴 수 있을 정도로 구색이 좋았습니다. 가장 놀라웠던 부분은 가방 안쪽 구성이었습니다. 겉만 번지르하고 속은 텅 빈 가방의 경우 출장이 잦은 직장인에게 실망만 안겨줍니다. 그런데 이 가방은 마치 한정식 상차림을 연상시킬 정도의 알찬 배려로 가득했습니다. 공간을 나눈 솜씨도 남달랐습니다. 분명 치열한 고민을 통해 완성했을 내부 구성에 감동해 한국에 갈 때마다 그 브랜드의 가방들을 하나씩 구매하다 보니 이제는 이 브랜드의 제품을 거의 매일 사용하게 되었습니다. 로우로우의 가방은 뉴욕 디자이너들에게도 반응이 꽤 좋았습니다. 동료들에게 예쁘다는 말을 여러 번 들었을 정도니까요.

로우로우는 이름에서 알 수 있듯이 '날것(Raw)'을 지향합니다. 이들이 말하는 날것은 붉은 피가 샘솟는 심장과도 같은 생동감입니다. 이들의 움직임은 끊임없이 열(Row)을 맞춰 쉼 없이 반복됩니다. 이들과 함께라면 심장이 뛰는 곳으로, 발길이 닿는 곳으로 함께 갈 수 있을 것 같은 에너지를 받습니다.

이 브랜드가 만드는 상품 라인은 '삶과 여행'이라는 주제 안에서 하나로 연결되어 있습니다. 내가 사랑하는 것들을 담을 수 있는 가방, 어디든 신고 편하게 갈 수 있는 신발, 목적지를 더

라이카 카메라와 로우로우 가방. 제가 사랑하는 브랜드들입니다. 팬을 가진 브랜드를 만드는 것은 모든 크리에이터들의 꿈이 아닐까요? 오늘도 두 브랜드에서 많은 것을 배웁니다.

또렷하게 볼 수 있도록 하는 안경 그리고 더 멀리 나를 보내줄 수 있는 트렁크까지 브랜드의 스토리와 제품이 아귀가 잘 맞습니다. 나와 함께 어디든 떠날 수 있는 단짝 같은 사이죠.

브랜드는 천 년을 가는 조각상이라기보다, 탄생하고 성장해 결국에는 사라지는 유기체적 성격이 강합니다. 오죽했으면 아마존의 창업자 제프 베조스(Jeff Bezos)조차도 아마존이 자기 생전에 망하지 않으면 한다는 농담 섞인 말을 할까요?

브랜드의 성장과 쇠퇴는 사람들이 얼마나 이 브랜드를 사랑하느냐에 달려 있습니다. 그래서 기업들은 대중들 사이에서 브랜드의 이름이 계속해서 불리며 더 오래 생명력을 가질 수 있도록 매년 광고와 마케팅 비용으로 천문학적인 금액을 쓰죠. 하지만 그것만으로는 부족합니다. 자신만의 솔직한 브랜드 스토리를 만들고, 그에 걸맞은 모습으로 꾸준히 대중과 소통해야 사랑을 얻을 수 있습니다. 연인 간의 사랑이 몇 번의 약속과 잠깐의 헌신만으로 지속되지 않는 것처럼, 브랜드에 대한 대중의 사랑도 한두 번 마케팅에 투자했다고 얻을 수 없습니다.

하나를 디자인할 수 있다면
무엇이든 디자인할 수 있다

"하나를 디자인할 수 있다면 무엇이든 디자인할 수 있다."

"If you can design one thing, you can design everything."

전설적인 디자이너 마시모 비녤리(Massimo Vignelli)의 말입니다. 그는 뉴욕 시의 메트로 시스템 디자인부터 항공사 브랜딩, 와인 병 디자인, 그리고 달력까지 정말 다양한 분야를 디자인했습니다. 2014년 아쉽게 세상을 떠났지만, 아직도 전 세계 많은 디자이너가 그를 존경하고 또, 그처럼 멋진 디자이너가 되고자 다짐합니다.

모든 분야를 아우르는 디자이너. 디자이너라면 누구나

한 번쯤은 꿈꿔봤을 것입니다. 실제로 대부분의 디자이너는 어떤 분야든 디자인할 수 있는 능력을 가지고 있기도 합니다. 그런데 종종 우리는 스스로를 '무슨' 디자이너라고 한정짓곤 합니다.

제품의 카테고리가
디자이너의 정체성이 될 수는 없습니다

미팅 자리에서 있었던 일입니다. 지인이 저를 "이 분은 웹사이트 디자이너세요."라고 소개했습니다. 실제로 웹사이트 디자인 일도 하고 있기에 그 말이 완벽하게 틀린 말은 아니었지만, 굳이 저는 그분들에게 "아니오, 저는 디자이너입니다."라고 정정해 말한 적이 있습니다.

별거 아닌 일로 까다롭게 군다고 할 수도 있으나, 저에 대해 잘 모르시는 분이 임의대로 특정 카테고리로 규정하는 것이 꽤 무례하다는 생각이 들었습니다.

많은 경우 디자이너가 자신을 소개할 때 '저는 제품 디자이너입니다.' 혹은 '저는 그래픽 디자이너입니다.'라며 디자이너라는 말 앞에 수식어를 첨가하곤 합니다. 이는 대학에서의 전공 혹은 직장에서의 포지션과 연관이 큽니다. 본인을 소개할 때 이런 첨언이 잘못된 것은 아닙니다. 하지만 회사에서 제가 디지털 및 브랜드 컨설팅을 주로 다룸에도 굳이 '디자이너'라는 말 앞에 수식어를 붙이려고 하지 않는 이유는, 바로 그 말 안에 이미 직업뿐 아니라 내가 세상을 어떤 식으로 바라보는지에 대한 정의도 담겨 있다고 생각하기 때문입니다.

조금 더 넓게 바라봐야 합니다

모바일 앱을 디자인한다고 가정해 보죠. 디자인할 때 UX 디자인에 치중하는 과정이 있을 수 있고, 그 후에 실제로 쓰이게 될 비주얼 디자인 랭귀지를 UI의 형태로 입히는 과정이 있을 것입니다. 저는 이것이 어떠한 것을 디자인해가는 일련의 프로세스지, 완전히 다른 카테고리의 디자인은 아니라 생각합니다. 그런데 많은 디자이너들이 본인은 UX 디자인에만 치중하고 다른 사람들이 비주얼 디자인을 완성하는 방식을 선호하거나, 반대로 완성된 UX를 전달받아 그저 비주얼 디자인만 하고 싶어 합니다.

물론 개인의 재능과 문제를 바라보는 시각이 모두 다른 만큼 디자인 프로세스를 무조건 통합적으로 접근할 필요는 없습니다. 그러나 당신이 UI 혹은 UX 디자이너 카테고리에 머무르지 않고 조금 더 완성된 '디자이너'로 자신을 칭하고 싶다면 어느 한 분야에 자신을 가두면 안 됩니다.

디자인의 책임자라 할 수 있는 '크리에이티브 디렉터'가 되었을 때는 디자인 팀의 직능적 구분에 상관없이 전체를 리드해야 하고, 그러려면 충분한 이해도와 협업 능력이 전제되어야 합니다. 디자인 팀을 넘어서 프로젝트 매니저팀 그리고 엔지니어 팀과의 협업도 많아지는 만큼, 한 곳에 매여 있으면 성장하기 어려울 수밖에 없습니다.

본인의 이름을 걸고 스튜디오를 연다고 가정한다면 시각을 더 넓게 가질 필요가 있습니다. 세계적인 디자이너 카림 라시드(Karim Rashid)나 필립 스탁(Philippe Starck)의 작업물들을 보십시오. 그들은 하나의 디자인 필드만을 고집하지 않습니다. 그리고 그럴 필요도 없습니다. 건축, 제품 디자인, 패션, 브랜딩 등 전 분야에 걸쳐서 자신의 생각과 비전을 결과물로 보여줍니다.

그것이 가능한 이유는 디자인이 방법론(Methodology)의 산물이자 생활 방식(Life style)을 관통하는 인문학이기 때문입니다. 삶 자체가 디자인인 사람들에게서 탄생하는 디자인은 그 경계가 무한할 수밖에 없습니다.

어떤 카테고리의 프로젝트를 진행하더라도 자신의 철학을 디자인에 녹여낼 것이며, 고도로 전문적인 분야의 공학, 건축, 예술 등의 프로젝트라도 충분한 리서치와 전문가의 협업이 동반된다면 언제든 사람들을 깜짝 놀라게 할 디자인을 만들어 낼 수 있을 것입니다.

"물처럼 되세요. 친구여."

"Be water, my friend."

무술가이자 전설적인 영화배우인 이소룡의 명언입니다. 무술 최고의 경지를 철학적으로 비유한 말입니다.

물은 컵에 담기면 컵이 되고 주전자에 담기면 주전자가 됩니다. 겉보기엔 이렇게 유약해 보이지만, 그 힘이 응축되면 거대한 바위도 뚫을 정도로 강력한 힘을 가지죠.

디자이너도 마찬가지입니다. 특정 분야의 제한된 결과물을 만들어내는 사람이기보다, 어느 분야에도 적응할 수 있는 유연함과 어떠한 문제도 해결할 수 있는 단단한 방법론을 지닌 사람이어야 하지 않을까요?

그러므로 본인을 정의할 때 나는 '어떤' 디자이너야 하는 식의 직업적 형용사로 당신의 가능성을 구속하지 마십시오. 굳이 말 한두 마디가 그렇게 중요한가? 라며 반문할 수 있습니다. 그런 분들에게 제 대답은 이렇습니다.

"네. 그렇게 중요합니다."

스스로 자신에 관한 규정을 제대로 내리지 않고 세상과 대한다면 그 누구도 당신을 당신이 원하는 대로 봐주지 않을 것이기 때문입니다.

"Be water, my friend!"

자신을 임의로 규정하지 말고 '무엇도 될 수 있는 존재'라고 생각하는
유연한 마음가짐이 디자이너에게 필요합니다.

디자이너가
견지해야 할 뷰

폴 랜드(Paul Rand)는 역사상 매우 존경받는 그래픽 디자이너 중 한 명으로 꼽힙니다. 일반인들에게는 애플의 스티브 잡스가 무한한 존경을 표했던 전설의 디자이너로 유명하지만, 수많은 디자이너들이 그를 흠모하는 이유는 디자인에 대한 끊임없는 철학적 접근과 그것을 정제된 형태의 언어로 남기는 것을 게을리하지 않았던 인물이기 때문입니다.

그는 생전에 여러 편의 에세이를 남겼는데, 그것을 모아 출판된 책이 바로 《디자인 생각(Thought on design)》입니다. 특히 '아름다움과 실용성(The Beautiful and the Useful)'이라는 에세이는 읽을 때마다 많은 생각거리를 던져주는 명문입니다.

저는 이 글이 그래픽디자인이라는 업을 가장 정직한 시선으로 바라보고 있다고 생각합니다. 이 글은 '무엇이 좋은 그래픽 디자인인가'에 대한 두 개의 문단으로 시작됩니다.

그래픽 디자인이 —

형태의 법칙을 준수해

심미적 욕구를 충족시키고

이차원상의 문제들을 해결하는 것;

기호학과 산세리프, 기호학의 영역 안에 속한 것;

추상, 변형, 번역, 회전, 확장, 반복, 반영,

구성, 재구성하는 것 —

만약에 상황에 적절하지 않는다면

좋은 디자인이 아니다.

Graphic design —

which fulfills aesthetic needs,

complies with the law of form

and the exigencies of two-dimensional space;

which speaks in semiotics, sans-serifs,

and geometrics;

which abstracts, transforms, translates, rotates, dilates,

repeats, mirrors,

groups, and regroups—

is not good design

if it is irrelevant.

첫 문단에는 그래픽 디자인의 존재 이유, 구성 요소, 적용 방법이 함축되어 있습니다. 다양한 분야가 융합되는 요즘 시대에 때로는 디자인 사이의 경계를 나누는 척도가 무언인지 모호할 때가 많습니다. 하지만 그가 말하는 기호학, 산세리프, 기하학의 사용은 분명 그래픽 디자인의 필수 불가결 요소라 할 수 있을 것입니다.

그래픽 디자인의 필수 요소들을 재료로 여러 조리법(추상, 변형, 번역, 회전, 확장, 반복, 반영)들을 통해 어떤 요리가 가능한지 보여줍니다. 특히 '구성과 재구성'을 다른 줄에 배치함으로써, 그래픽 디자인이 가변적 성질을 구조적 장치로 완성한다는 것을 완곡히 보여줍니다. 이러한 필수요소와 실행방법을 모두 완수해도, '상황에 적절하지 않다면' 좋은 디자인이 아니라고 천명합니다. 맞습니다. 심미적, 기능적 만족을 위해 큰 노력을 기울였다 하더라도 결국 처한 상황 혹은 목적과 어긋나는 것이라면 좋은 디자인이라고 볼 수 없죠.

일전에 서울 2호선 강남역 지하철 출구 안내판 디자인이 형형색색으로 다양하게 바뀌었던 적이 있었습니다. 혼란스러운 공간에서 사람들의 방향키 역할을 해야 할 안내판이 오히려 혼란을 가중했던 격이었죠. 그때 많은 사람들이 '디자인만 너무 강조하다 보니 기능을 상실했다'는 부정적인 평가를 했습니다. 하지만 엄밀히 말하면 이 말은 틀렸습니다. 안내판의 디자인이 강조된 것이 아니라, 안내판 디자인의 방향을 잘못 잡은 것이 문제였습니다. 상황과 목적을 제대로 이해하지 못한 채 만들어진 잘못된 디자인이었던 것이죠.

두 번째 문단을 통해 우리는 그래픽 디자인의 또 다른 중요 기능인 '소통'에 대해 알 수 있습니다.

그래픽 디자인이—

비트루비우스의 대칭,

햄 브리지의 역동적인 대칭,

몬드리안의 비대칭;

등을 떠오르게 만드는

직감 혹은 컴퓨터,

발명 혹은 협력적 과정에 의해

탄생한 좋은 조형 —

만약에 제대로 된 소통의 도구로 기능을 하지 못한다면,

좋은 디자인이 아니다.

Graphic design—

which evokes the symmetria of Vitruvius,

the dynamic symmetry of Hambridge,

the asymmetry of Mondrian;

which is a good gestalt;

which is generated by intuition or by computer,

by invention or by a system of co-ordinates —

is not good design

if it does not co-operate

as an instrument

in the service of communication.

    그가 제시한 대칭과 비대칭의 세 가지의 예시는 적절하게 통제된 가변성의 결과 즉, 좋은 조형을 나타냅니다. 또한, 균형을 나타내는 두 가지 예시를 전면에 배치하고 불균형의 예시를 마지막에 놓아 균형과 불균형의 적절한 사용으로 만들 수 있는 리듬을 보여줍니다.

    이 결과를 만드는 주체를 '직감 혹은 컴퓨터, 발명 혹은 협력적 과정'이라고 표현한 것은 대단히 주목할 만한 부분입니다. 왜냐하면, 디자인이 개인보다는 팀워크 혹은 과정의 산물임과 동시에, 인간의 직감뿐 아니라 기술의 힘을 통해 성취될 수 있음을 논하기 때문입니다.

    당시 초창기 컴퓨터 기술이 분명 존재했었지만, 대부분의 디자인 작업이 여전히 수작업으로 이루어지고 있었던 것을 고려했을 때 대단히 진보적인 발언입니다. 특히 인공지능, 머신러닝과 같이 기술의 발전이 디자인의 영역에 이미 깊숙이 들어와 있는 것을 보면 기술은 분명 좋은 디자인을 위해 협력해 나아가야 하는 대상이라는 인식이 더욱 자명해집니다.

이 문단 끝에서 폴 랜드는 이렇게 이야기합니다.

"소통의 도구로서 제 역할을 하지 못한다면 좋은 디자인이 될 수 없다."

디자인은 어떠한 상황을 개선할 수 있는 여러 가지 능력과 재주가 있습니다. 하지만 이 능력들은 제대로 된 목적과 방향을 가지고 어떠한 지점에 도달해 연결되어야만 그 빛을 발할 수 있습니다. 또한, 그곳에 도달하는 과정 자체도 사람들과 끊임 없는 소통을 거치고 여러 변곡점을 거치며 가게 되는 여정입니다. 그러므로 디자인에 있어서 소통은 그것의 시작이자 과정이고 그 끝이기도 합니다.

각 문단 첫머리에서 언급하는 여러 디자인의 필요 조건들은 일종의 '교전 규칙(交戰規則)' 같은 측면을 가지고 있습니다. 그것은 '어떻게'에 대한 이야기이기 때문이죠. 하지만 디자인에 있어 어떠한 방법을 우리가 디자인에 적용할 것이냐 이전에 더 중요한 물음은 '왜'에 대한 질문입니다. 좋은 그래픽 디자인이 되기 위해 가장 중요한 '무엇이 적절한 것인가?'에 대한 답을 얻을 수 있기 때문입니다.

'왜'에 대한 탐구 없는 디자인은 그저 허공에 무수히 쏘는 총탄과 다를 바 없습니다. 목표를 맞추기 위해서는 방아쇠를 당기기 전에 먼저 목표를 정조준해야 합니다. 그래야 디자인을 통해 원하는 지점에 도달할 수 있습니다. 이는 로고 디자인부터 유저 인터페이스 디자인 혹은 우리가 미처 알지 못하는 미래의 디자인까지 '변하지 않을' 좋은 디자인의 대전제일 것입니다.

인공지능이 디자이너를 대신할 거라고?

※이 글은 아마존(Amazon)에서 인공지능 스피커 알렉사(Alexa)와 에코(Echo) 제품 개발에 참여했던 MIT Media Lab 출신 디자이너 Dhairya Dand와 제가 인공지능 시대 디자이너의 역할에 관해 나눈 대화를 재구성한 것입니다.

수요일 저녁. 회사를 마치고 만난 Sangster와 Dhairya. 차이나타운 근처에 있는 인도네시아 음식점에서 저녁 식사를 마치고 근처에 위치한 바(Bar)로 이동해 디자인과 업계 전반에 대한 이야기를 시작했다.

Sangster   데리야, 네가 아마존에 있을 때 알렉사(alexa) 개발에 참여한 디자이너니까, 하나 물어볼게. 네가 볼 때 인공지능 시대에 디자이너의 역할은 어떻게 될 거라 생각해?

Dhairya   글쎄. 다양한 관점이 있을 수 있는데, 나는 디자인이 기본적으로 두 가지 측면이 있다고 생각해. 미적인 부분의 전달과 관련된 표피적 측면이 있고, 다른 하나는 내면의 '혼(魂)'이지. 질문하고, 이해하고, 생각하고, 방향을 제시하는. 이 세상이 언제나 그래 왔고 앞으로도 그럴 것처럼, 겉은 바뀌지만, 안에 있는 진짜는 잘 바뀌지 않지.

나는 미래에도 디자인이 그것의 근본을 유지해 나갈
것 같아. 인공지능은 일종의 '개' 같은 것이거든.

Sangster   개? dog 말이야?

Dhairya   맞아. 네가 만약에 인공지능을 잘 길들인다면 네가
원하는 많은 것을 할 수 있도록 도와줄 거야.

Sangster   음, 디자이너는 개가 무엇을 훈련할 지
결정하는 사람이라는 뜻이군.

Dhairya   응, 개가 어떠한 미션을 수행할지 골라주는 거지.

Sangster   인간이 인공지능을 발전시키고 길들이면서 결국은 원하는
것을 이룰 수 있도록 만드는, 그런 흐름이란 거지?

Dhairya   맞아. 인공지능은 앞으로 무한한 발전 가능성을 가지고
있다고 봐. 그러면 인공지능이 우리를 위해 무엇을 할지
규정짓는 것이 디자이너의 역할이 되겠지. 디자이너들은
전보다 더욱 진일보해야 해. 우리는 과학자들이 만든
인공지능이 평범한 사람들을 위해 무엇을 할 지 대신
이야기해주는 일종의 대변인 같은 역할도 하게 될 테니까.

Sangster   물론이야. 그리고 머지않아 과학자와 디자이너가

함께 인공지능에 대해 토론하는 날이 올거야.
기술과 사용자를 연결하는 것이 우리 디자이너의
일이잖아. 인공지능 기술이 어떻게, 어디까지 도달할
수 있을지 함께 결정해야 한다고 생각해.

Dhairya 맞아. 심지어 '디자이너'라는 단어의 뜻도 변화하고 있어.
지금 사용되고 있는 '디자이너'라는 개념은 구시대적이지.

Sangster 동의해. 어떤 이들은 디자이너의 수많은 가능성 중에서도
장식적인 면에만 사로잡혀 큰 숲을 보지 못하지. 사실상
데코레이터(Decorator) 즉, 장식가임에도 불구하고 디자이너라고
부르는 경우도 상당히 많아. 물론 장식적인 면에 공을 들이는
것도 중요하지. 하지만 디자이너는 정해진 일을 수행하기보다
나아갈 방향 혹은 비전을 제시하는 역할을 해야 한다고 생각해.

Dhairya IDEO나 FROG 같은 디자인 회사들은 대중이 디자인을 더
쉽게 접근할 수 있는 환경을 만들어 주었어. 그래서 모두가
자신을 디자이너라고 부를 수 있게 되었지. 나는 이런 현상을
아주 긍정적으로 보지만, 한편으로는 이 때문에 디자인의
개념이 근본적으로 와해될 수도 있다고 생각해. 예를
들면 "어 그래, 나도 디자인 어떻게 하는지 잘 알거든? 나
헬베티카(Helvetica, 대표적인 산세리프체) 쓸 줄 알아."처럼 말이야.

Sangster 아마 일정 수준에 이르지 못한 사람을 '디자이너'라고 부르는

것 자체가 불공평한 일일 수 있지. 우리가 어떤 사람이 의학적 상식이 조금 있다고 해서 '의사'라고 부르지 않는 것처럼.

Dhairya   게다가 유행에 따라 디자이너의 직함도 계속 바뀌어 가잖아. A.I. 디자이너처럼 말이야.

Dhairya   인공지능 이야기로 돌아가서, 나는 인공지능을 만들거나 이 분야의 디자인을 하고자 한다면, 컴퓨터 사이언스에 대해 알아야 한다고 생각해. 점점 더 디자인과 과학 두 가지의 접점이 많아지는 만큼, 디자이너가 '나는 코딩은 잘 모르고 디자인만 안다'라고 주장하기는 어려울 거야. 그래서 나는 디자이너가 인공지능을 다루기 위해 반드시 코딩을 할 줄 알아야 하는 것은 아니지만 때로는 과학자 같은 역할을 할 각오도 되어 있어야 한다고 봐.

Sangster 네가 말한 접점에서 중요한 것은 바로 '이해도'지.

Dhairya   맞아, 결과라는 것이 디자인 혹은 과학 어느 한쪽에서만 나온다고 보기는 어려울 테니까. 그런데 너는 왜 인공지능 분야에서 디자이너의 역할에 대해 생각하기 시작한 거야?

Sangster 불과 몇 년 전, 많은 사람들이 '모바일이 우선이다'라는 말을 했었지. 지금 생각해보니 당시에는 모바일을 통해 우리가 과연 무엇을 할 수 있을지 완전히 이해하지 못하고 있었다는 생각이 들어. 사람들은 모바일을 통해 이루어지는 막대한 거래량과 데이터 전송량 등을 눈으로 확인하고 나서야 아주 놀랐어. 그래서 모바일을 우선시해야 한다고 외치기 시작했지. 그런데, 구글, 애플, 아마존 같은 큰 회사들이 모바일뿐 아니라 모든 종류의 기기를 통해 제공하는 경험을 아주 높은 수준으로 끌어올린 후로, 모바일 우선 정책은 힘을 잃었어. 모바일 우선이라는 것이 더 이상 '장점'이 아니라 '보편적 기준'이 되었거든. 이제 그들은 경쟁사보다 더 뛰어나 보일 수 있는 무언가가 필요했고, 본격적으로 인공지능 사업에 뛰어들었지. 많은 디자이너들이 인공지능에 관심을 가지게 된 것도 그때부터야. 나도 그렇고.

Dhairya   요즘 인공지능의 힘으로 사람들에게 웹사이트를 만들어주는 서비스들도 나왔더라. 서비스에 내가 넣고자 하는 내용과 방향을 입력하면, 인공지능이 그걸 가지고 자동으로 웹사이트를 만들어 주는 거지. 인공지능이 사람들의 코더이자 디자이너가 된 거야.

Sangster   엄청나네.

Dhairya   근데 그거 좀 후지긴 해.

Sangster   하하하. 역시 아직은 인간의 두뇌가 앞선 건가?

Dhairya   그런데 만약에 디자인 능력이 없는 일반인이 웹사이트를
           가지고자 한다면, 본인이 직접 디자인하는 것보다
           이런 인공지능 서비스를 통해 더 좋은 결과물을 얻을
           수 있을 거야. 디자이너들에게는 좋을 게 없지만,
           디자이너가 아닌 사람들은 편리해지는 거지.

Sangster   나는 이것을 통해 만들어진 웹사이트를 직접 사용할 사용자
           층이, 사용자 경험적 가치를 얼마만큼 알아보느냐의 문제가
           될 수도 있는 것 같아. 어떤 이들은 분명 "잘 작동하는데
           뭐가 문제야?" 이럴 수도 있고. 그게 틀린 말도 아니니까.

Dhairya   그렇게 되면 디자이너들은 "인공지능이 우리 일자리를 다
           빼앗아가네."라고 한탄할 수 있어. 나는 이게 많은 부분에도
           적용된다고 봐. 테슬라의 엘론 머스크(Elon Musk)가 인공지능이
           통제 불가능의 단계에 오르기 전에 규제를 시작해야 한다고
           했던 말이 생각나. 10년, 20년 후의 이야기이겠지만,
           선제적으로 우리가 그 부분을 규제해야 한다고 봐.

Sangster   우리가 인지하지 못하는 사이에 발화점에 도달하면, 아마
           우리가 상상하는 그 이상으로 통제하기 어려울 거야.

Dhairya   요즘 들어 우리가 걱정하는 형태로 인공지능이
           진화하는 듯한 모습을 보일 때가 많더라고.

Sangster   스카이넷(영화 '터미네이터'에 나오는 가상의 인공지능)처럼!

Sangster & Dhairya   하하하하하.

Sangster   분명히 인류는 우리의 가능성을 옥죄지 않는 선에서
현명한 방법을 찾을 거야. 꼭 그래야 하고. 어쨌든
나는 우리의 미래가 인공지능이라는 툴로 더욱 발전할
거라 생각해. 그리고 그 방향으로 나아가는 데 우리
같은 디자이너들이 꼭 보탬이 되었으면 해.

Sangster & Dhairya   물론이지!

Chapter 3

insight

디자이너의 시선

미안하지만
블루보틀은 스타벅스를
뛰어넘을 수 없다

커피 브랜드 '블루보틀(Blue Bottle)'을 처음 접한 것은 2011년 여름 어느 더운 날 브루클린에서였습니다.

주말이면 자전거를 타고 돌아다니며 작은 갤러리나 편집숍을 구경했는데, 블루보틀을 처음 접한 그날도 크게 다를 것 없던 토요일 오후였습니다. 자전거 라이딩을 즐기던 중 친구 중 한 명이 '뉴 올리언즈' 한 잔 하러 가자고 권했습니다.

"뉴 올리언즈? 그거 재즈로 유명한 동네 이름 아니냐?" 하고 되물었습니다. 그러자 친구가 그것도 맞는데, 블루보틀이라고 하는 커피숍의 대표 메뉴라고 했습니다. 반신반의하며 '뉴 올리언즈'를 처음으로 주문했는데, 바리스타는 의외로 에스프레소

머신에서 커피를 내리지 않고, 미리 만들어놓은 커피 베이스를 주먹 만한 얼음과 함께 담더니 무심하게 우유를 붓고 건넸습니다.

마니아를 사로잡은 파란 병

한 모금 들이켰는데, 스르륵 입 안으로 들어온 커피는 찰진 단맛과 약간의 신맛 그리고 우유의 고소함이 조화되어 제 혀를 감쌌습니다. 마치 한여름 밤에 듣는 재즈 음악 같은 느낌이었죠. 그 순간부터 블루보틀의 팬이 되었습니다. 당시 뉴욕의 유일한 지점이던 블루보틀 브루클린 매장은 이미 뉴욕의 커피 마니아들 사이에서 성지로 여겨지고 있었습니다.

심플한 파란 병 로고의 블루보틀 커피는 포틀랜드(Portland), 킨포크(Kinfork) 등과 함께 힙스터(Hipster)의 상징이 되었으며, 프리미엄 커피의 대명사로 자리잡아갔습니다. 브랜드의 인지도가 높아지면서 자연스레 블루보틀 커피의 수요는 기하급수적으로 늘어났죠. 어느샌가 미국 전체로 체인점이 번지더니 이제는 한국 지사가 생길 정도로 세계 커피업계에서 큰 임팩트를 가진 글로벌 기업으로 성장했습니다.

그저 그런 커피지만 편하게 마실 수 있는 스타벅스

반면 스타벅스(Starbucks)는 어디서나 쉽게 갈 수 있고, 전용 애플리케이션을 사용해서 쿠폰을 모을 수 있는 커피 체인점 그 이상 그 이하도 아니었습니다. 캐러멜 마끼아또처럼 아주 달콤한 음료 외에는 커피 맛만 놓고 보면 높지 않은 수준의 델리(deli) 커피 수준으로 느껴졌습니다. 출장이 잦았던 제게 스타벅스는 어디서나 쉽게 접할 수 있고, 여러 다른 음료 옵션이 있는 브랜드 정도의 의미였습니다. 사실 미국에서는 주마다 종교적인 이유 때문에 커피를 마시지 않는 중소 규모 도시들이 있는데, 그럴 때 거의 유일한 옵션은 호텔에 있는 스타벅스입니다.

하지만 최근 몇 년 사이 그들의 진열대 안에는 많은 변화가 있었습니다. 새로운 메뉴가 출시되는 것 이상의 큰 변화였죠. 원래는 없었던 제과 제빵 라인이 비중 있게 진열되기 시작했고, 다양한 건강음료와 착즙주스 등의 메뉴가 등장했습니다. 성공

여부를 떠나, 거대 기업이 변화하고자 몸부림치는 노력이 보여 인상적이었습니다.

그러던 중 직장 때문에 2014년, 시애틀에 1년 정도 살게 되었습니다. 사실 시애틀은 스타벅스의 고향이기도 하지만 자타가 공인하는 미국 최고의 커피 도시이기도 합니다. 스텀프타운(Stumptown)의 고향인 포틀랜드나 블루보틀의 고향인 샌프란시스코도 최고라는 말이 많지만, 커피 마니아들 사이에서는 시애틀을 최고로 인정하는 분위기가 있습니다. 그래서 스페셜티 커피 엑스포와 같은 세계 최고의 커피 행사들이 시애틀에서 열리죠. 시애틀에는 스타벅스 매장이 설 자리가 없을 정도로 많은 로컬 커피 브랜드가 존재하고, 각 브랜드마다 커피에 대한 노하우와 조예를 수준급으로 가지고 있습니다. 그래서 자칭 커피 마니아인 저로서는 출근 전에 다양한 커피숍에 들르는 것이 하루 일과의 시작처럼 되었었죠.

그러던 어느 날 '캐피톨 힐(Capitol Hill)'이라는 시애틀 젊은이들이 많이 모이는 동네 어귀에 스타벅스가 새로운 콘셉트의 매장을 낸다는 소식을 들었습니다. 스타벅스의 상위 버전 브랜드인 리저브 로스터리(Reserve Roastery) 1호점을 연다는 것이었는데, 공사 중인 건물이 꽤 근사해 보이기도 했고, 과연 얼마나 새로운 메뉴들을 선보일지 궁금하기도 했습니다.

익숙함에서 놀라움으로, 브랜드의 진화

리저브 로스터리 1호점이 오픈한 주말에 매장을 찾은 저는 적지 않은 충격을 받았습니다. 무척 큰 매장 안에 놓인 거대한 로스팅 기계들과 커피콩들을 옮기는 진공관은 신기한 놀이기구로 가득한 디즈니랜드 같은 인상마저 주었습니다. 스타벅스의 상징처럼 여겨지던 녹색 인테리어도 찾아볼 수 없었습니다.

　　　옛날식 커피 카트를 개조한 안내소에 있던 직원이 다가와 아름다운 건물 전경 일러스트가 그려진 브로슈어와 메뉴를 건네주었습니다. 주문을 하러 간 매대 앞에는 스타벅스 매장에서 파는 베이커리라고 믿을 수 없을 정도로 먹음직스러워 보이는 먹거리들이 대기하고 있었습니다. 일반 스타벅스에서 주로 주문했었던 캐러멜 프라푸치노 같은 커피는 애초에 메뉴에 있지도 않았기에, 무슨 커피를 추천하는지 점원에게 물었습니다. 오렌지 시럽

이 들어간 라테와 초콜릿 크루아상을 추천하더군요. 블루보틀의 뉴 올리언즈를 먹을 때만큼은 아니지만 그 충격의 90퍼센트 정도는 될 정도로 맛이 좋았습니다. 그리고 커피와 함께 판매하는 여러 굿즈들을 실컷 구경한 후 한 바구니 가득 구매해 나왔죠.

얼마 후에 샌프란시스코와 시애틀을 1주일씩 연속으로 출장갈 기회가 있었습니다. 블루보틀의 도시 샌프란시스코. 그곳의 숙소는 운 좋게도 블루보틀이 처음 다운타운 안에 자리 잡기 시작한 곳과 멀지 않았습니다. 매일 아침 블루보틀에 가서 가장 좋아하는 뉴올리언즈와 아보카도 토스트를 먹으며 하루를 시작했습니다. 뉴욕과 샌프란시스코 그리고 도쿄 블루보틀의 맛은 거의 일정하게 높은 수준이었습니다. 몇 년 만에 매장이 전 세계적으로 많아져도 이 정도의 퀄리티가 유지된다는 게 그저 신기할 따름이었습니다.

1주일 후, 샌프란시스코 일정을 마치고 시애틀로 이동하여 스타벅스 본사 1층에 오픈한 리저브 로스터리 2호점을 방문했습니다. 2014년, 리저브 로스터리를 처음 방문했을 때 느낀 것이 '혁신'이었다면, 그곳에서 느낀 것은 '진화'였죠.

가장 먼저 눈에 띈 것은 아침 메뉴였습니다. 카페의 보

(위) 스타벅스 리저브 로스터리 1호점의 모습
(아래) 스타벅스 리저브 매장의 굿즈

스타벅스 리저브 매장의 스페셜 메뉴와 메뉴판

조 베이커리 라인 수준을 넘어 웬만한 브런치 전문점보다 다양한 메뉴가 눈에 들어왔습니다. 그중에 저는 중앙아시아 지역 사람들이 아침에 주로 먹는 '샥슈카'를 주문했습니다. 다음으로 칵테일 커피 메뉴를 훑어보았습니다. 믹솔로지(Mixology)를 기반으로 한 다양한 하이브리드 커피가 있었고, 제가 맛본 것은 독주(毒酒)인 진(Gin)을 담은 오크 통에서 숙성시킨, 진 바렐 에이즈드 아이스커피(Gin Barrel-Aged Iced Coffee)와 단맛과 텍스쳐가 일품인 셰커라도(Shakerado) 메뉴였습니다. 모든 메뉴는 맛있었을 뿐 아니라 보기도 좋았습니다.

이날의 경험은 저에게 큰 충격을 주었습니다. 그동안 스타벅스라는 브랜드에 가졌던 생각을 뒤집는 계기가 되었죠.

외식 비즈니스의 성패를 좌우하는 첫 번째 조건은 좋은 아이디어와 퀄리티지만, 일정 시점과 수준을 넘어가면 시스템과 확장성이 더 중요하다고 생각합니다. 그런 의미에서 스타벅스의 진화는 놀라웠습니다. 스타벅스 정도 규모의 회사가 이 정도의 변화를 만들어낸다는 것, 그리고 그들이 만들어낸 변화를 직영으로 운영되는 전 세계 매장에 톱다운(top-down) 형식으로 빠르게 퍼트리는 것을 상상하니 소름이 돋았습니다. 이것은 단순히 한 브랜드가 바뀌는 것이 아니라, 커피 산업과 카페 문화 전체를 바꾸는 일이었기 때문입니다.

취향을 선도한다는 것

현대인에게 커피는 단순한 음료가 아닌 '취향'을 드러내는 도구의 의미를 가집니다. 취향과 관련된 소비는 생필품 혹은 소비재 영역으로만 보기는 어렵습니다. 효율성과 매출이 전부가 아니기 때문입니다.

커피를 마시는 행위와 더불어 공간을 느끼고 경험함으로써 브랜드의 가치가 소비자들에게 공유되는 이 비즈니스의 속성은 '요식업'이 아닙니다. 커피를 매개로 한 브랜드 마케팅 혹은 단기 부동산 임대업에 가깝죠. 고객은 매장 안에서 커피 한 잔을 사서 마시는 동안 그 장소를 이용할 권리를 가집니다. 매장에서 보내는 시간 동안 커피 브랜드들은 그들이 다시 이곳을 찾아오게 할 명분을 만들어야 합니다. 당연히 커피 맛이 재방문하게 만드는 첫 번째 이유겠지만, 커피와 함께 향유할 수 있는 '브랜드 경험'도

스타벅스 리저브 매장의 아침식사 메뉴 '샥슈카'와 제빵라인

블루보틀의 식사 메뉴
'아보카도 토스트'

경쟁에서 승리할 수 있는 결정적인 요소입니다. 그리고 여기서 말하는 브랜딩은 단순히 로고, 서체, 컬러만을 뜻하지 않습니다. '경험과 스토리'를 뜻합니다.

일련의 경험을 통해 블루보틀에서 제가 느낄 수 있었던 것은 아이러니하게도 혁신보다는 확장이었습니다. 그에 반해 스타벅스 리저브 로스터리에서 만들어지는 다양한 스토리를 지닌 커피와 메뉴들은 브랜드에 혁신적이고 새로운 DNA를 끊임없이 주입하고 있었습니다.

스타벅스는 그들이 소유한 다양한 경로(유통, 온라인 그리고 부동산)로 커피 없이 살아가기 힘든 현대인들의 삶에 큰 영향을 주고 있습니다. 특히 앞서 잠깐 언급했던 스타벅스 애플리케이션과 그의 디지털 생태계는 그들의 어마어마한 자산입니다. 미국에서 애플 페이 혹은 삼성 페이보다 더 많이 이용되는 디지털 결제 수단이 스타벅스 결제 시스템이라는 통계 자료만 봐도 스타벅스라는 브랜드가 얼마나 큰 영향력을 가지고 있는지 알 수 있습니다. 스타벅스가 이런 행보를 계속 이어나간다면 커피를 넘어, 식문화 전체에 영향을 끼칠 것입니다.

브랜드는 살아 숨쉬는 생명체와 같아서 태어난 순간부터 계속해서 발전하고 변화합니다. 그리고 언젠가는 소멸되죠. 구글이나 아마존 같은 세계 최고의 회사들도 언젠가는 사라질 것입니다. 물론 3대째, 4대째 가업을 물려받는 장인의 공방처럼 '변하지 않는 가치'도 중요합니다. 하지만 글로벌 경쟁 시대의 기업에게 요구되는 좀 더 대중적인 키워드는 '혁신'일 것입니다. 그런 면에서 스타벅스의 이러한 과감한 행보는 더욱 고무적입니다.

디자이너가
히어로물을 보는 법

요즘 극장가는 히어로들이 장악했습니다. 배트맨, 스파이더맨 같은 전통적인 히어로 시리즈뿐 아니라 마블(Marvel Studio)의 어벤져스나 디씨(DC Comics)의 저스티스 리그 같은 종합 선물 세트 유형의 시리즈도 매년 관객들을 애타게 하죠.

최근 많은 히어로 영화들이 그들의 기존 세계관을 확장하거나 원래 가지고 있던 세계관에서 완전히 벗어난 새로운 형태로 진화하는 부분도 주목할 만합니다. 백인 남성 중심의 영웅 캐릭터뿐 아니라 여성, 타인종 캐릭터가 등장하고, 그에 맞춰 스토리 전개도 바뀌었습니다. 이런 면에서 2018년에 혜성같이 등장한 '블랙팬서(Black Panther)' 시리즈는 변화하는 가치관을 아주 잘 반영하고 있다고 생각합니다. 여기서는 블랙팬서라는 캐릭터의 특성을 디자인의 측면에서 분석해보겠습니다.

1. 물성

슈퍼 히어로들은 종족, 환경 혹은 특별한 힘을 얻게 된 배경 등 각자가 가진 오리지널리티에 따라 걸맞는 물성(Material)이 주어집니다. 아쿠아맨(Aqua Man)이 물을 자유자재로 다룰 수 있는 것처럼요. 이는 캐릭터의 능력치를 떠나, 영화 전체의 분위기와 디자인 등에도 큰 영향을 미칩니다.

　　　블랙팬서와 관련해 단연 눈에 들어오는 물성은 '땅'입니다. 아프리카의 건조하고 고운 흙이 영화 전반에 걸쳐 등장하기도 하고, 블랙팬서의 부족이 가진 막대한 부와 힘의 원천인 '비브라늄(외계에서 온 절대 광물)'도 땅과 관련이 깊습니다. 블랙팬서가 왕이 되는 의식에 사용되는 고운 흙더미뿐 아니라, 최신 기술과 결합된 3D 홀로그램 프로젝션 기술의 표현도 흙 입자를 기반으로 했습니다. 가상현실 드라이빙 시스템을 표현할 때도 작은 흙 입자들이 모여 큰 덩어리를 이루고, 그것을 직접 만지고 사용하는 모습으로 구현했죠.

이것은 입자를 원격으로 조정해 상호작용할 수 있게 만들었다는 점에서, 매사추세츠공과대(MIT) 미디어랩의 '트랜스폼(Transform, 디자인과 과학기술을 융합하는 프로젝트)'이라는 작업과도 유사합니다. 즉, 블랙펜서의 배경은 현재 나와 있는 연구들을 토대로 영화적 해석을 더해 재창조한 세계인 것입니다.

2. 색감

블랙펜서 시리즈는 아프리카 흑인 문화를 기반으로 합니다. 그래서 아프리카 대륙을 상징하는 검은색 외에도 자연(흙, 하늘, 나무 등)에서 영감을 받은 원색 계열이 눈에 많이 들어옵니다.

하지만 가장 눈길을 사로잡는 색은 보라색입니다. 특히 블랙펜서가 가진 힘의 원천이 되는 꽃, 그것을 먹었을 때 나타나는 몽환적인 장면 등은 보라색이 이 영화의 영적인 부분을 상징한다는 것을 알려줍니다.

(위) 블랙펜서는 물성과 색감으로 캐릭터의 성격과 영화의 메시지를 표현했다
(아래) 부드러운 흙에 쓴 것 같은 느낌을 주는 타이포그래피

그리고 와칸다인들이 보호하는 외계 광물 비브라늄은 파란색입니다. 파랑은 정제되지 않은 초월적인 힘 그 자체를 상징합니다. 보라도 결국은 파랑에서 온 색이죠. 파랑과 보라의 조화는 그들이 이상적으로 생각하는 토속적인 정신의 힘과 외계에서 온 초월적인 힘의 균형을 나타내는 모습이 아닐까 합니다.

일반적으로 흑인들은 검정과 금색(black & gold)의 조화를 좋아합니다. 유명한 흑인 뮤지션들이 금으로 만든 목걸이나 반지 등 액세서리를 많이 이용하는 것을 보면 알 수 있죠. 그들 문화 안에서 골드 체인은 부와 힘을 과시하는 도구가 됩니다. 그런 면에서 주인공인 블랙팬서가 은색을 고르고, 숙적인 킬몽거가 금색을 고르는 장면은 두 캐릭터의 성격을 극명하게 보여줍니다. 이후 은색을 택한 블랙팬서는 자신을 숨기고 사람들을 위해 희생하는 진정한 영웅으로서의 행보를 보이죠.

3. 타이포그래피

타이틀 시퀀스와 영화 중간중간에 등장하는 아프리카 토속 문자 형태의 영문 알파벳도 인상적이었습니다. 이 서체는 스위스 디자이너 파비앙 콘(Fabian Korn)이 디자인한 'Beyno'인데, 모양도 특이하지만 특히 모서리가 날카롭지 않고 부드러운 진흙 혹은 땅에 쓴 것 같은 느낌을 줍니다. 이 역시 '땅'이라는 캐릭터의 물성을 잘 적용한 예라고 볼 수 있습니다.

4. 패션

이 영화의 의상 컨셉은 아프리카 부족들의 화려한 치장에서 영감을 받았습니다. 다른 인종이라면 소화하기 힘들었을 입술 피어싱이나 킬몽거의 몸에 올록볼록하게 만든 바디 트렌스폼 같은 부분 모두 아프리카 전통 부족의 특징들을 잘 관찰한 결과입니다. 또, 미국 10대와 20대들 사이에서 인기 있는 스트리트 브랜드들이 사용하는 서체, 재료, 재질을 의상과 건축물 골목 사이사이에 적용하여 독특한 분위기를 연출했습니다.

배경이나 의상, 전반적인 컬러 등 일반적으로 떠올릴 수 있는 미술 장치뿐 아니라 등장인물들의 몸짓, 소품의 물성, 로고의 타이포그래피까지. 판타지 영화에서는 디자인적 요소가 특히 강조됩니다. 디자이너의 눈으로 영화를 보면 스토리만 따라갔을 때 보이지 않았던 것들을 볼 수 있죠.

5. 음악

이 영화에서 음악은 정말 중요한 요소입니다. 특히 최고의 힙합 아티스트로 불리는 켄드릭 라마(Kendrick Lamar)가 뮤직 디렉팅을 맡아 높은 완성도의 영화 OST를 제작했죠.

힙합 음악을 OST로 사용할 때, 강렬한 랩이 과도하게 섞여 극의 몰입을 방해하기도 하는데, 이 영화는 흑인 문화를 표현하는 다양한 요소와 어우러져 아주 자연스럽게 들립니다. 또한, 힙합 문화와 힙합 특유의 제스처들이 영화 안에 잘 녹아들어 관객들에게 보는 재미도 안겨주었습니다.

블랙팬서는 여러 가지 면에서 일반 관객뿐 아니라 디자이너에게도 만족감을 준 작품입니다. 사실 권선징악의 히어로

블랙팬서에 등장하는 힙합 제스처

물이 얼마나 대단하고 또 예술적으로 가치가 있나 반문할 수 있지만, 최근의 히어로 영화들은 새로운 시사점을 준다고 생각합니다. 단순히 멋진 캐릭터와 시원한 액션에 그치는 것이 아니라, 다양한 스토리와 인종 그리고 문화를 바탕으로 세계관을 확장하며 그에 걸맞은 시각적, 디자인적 시스템을 만들어낸 측면에서 말이죠.

앞으로 나올 히어로 영화들은 어떤 이야기와 디자인 장치들로 관객들을 즐겁게 할 지 벌써부터 기대가 됩니다.

애플의 저력은
브랜딩에서 나온다

최근 아버지와 테크 기업들의 행보에 대해 이야기를 나눌 기회가 있었습니다. 아버지가 이 분야에 종사하시지는 않지만 40년 넘게 비즈니스를 해온 노하우와 다양한 분야에 걸친 상식을 가지고 계신 만큼 정곡을 찌르는 대화가 이어졌습니다.

　　대화를 마친 후에도 오랫동안 곱씹어볼 만한 화두가 있었습니다. 아버지는 "애플이 세계 최고 기업의 자리에 오른 이유가 스마트폰 주도 성장의 결과로 보이는데, 제품군이 한정적인 만큼 시간이 흐를수록 다양한 포트폴리오를 가진 경쟁사에게 밀리지 않겠느냐?"고 말씀하셨죠. 일면 수긍되는 부분이 있었지만, 애플의 비즈니스를 일반 기업과 비교하기는 뭔가 꺼림칙한 부분이 있었습니다. 더불어 '애플은 왜 다른 기업과 같은 문어발식 비즈니스 다각화를 하지 않았을까?' 하는 고민을 하게 되었습니다.

전 세계인의 마음을 훔친 사과

애플이 만드는 제품군은 간단합니다. 하드웨어는 우리가 잘 아는 아이폰, 아이패드, 애플 와치, 맥 시리즈(랩톱, 데스크톱), 티브이, 스마트 홈 및 오디오(헤드폰, 스피커)로 크게 나눌 수 있죠. 특히 아이폰이 세상에 나온 지 10년이 훌쩍 넘었음에도 전 세계 사람들은 매년 신형 아이폰 출시 소식에 귀를 기울입니다. 새롭게 탑재된 프로세서와 카메라, 하드 디스크 용량 그리고 배터리 수명 등 제품의 세세한 정보까지 사람들의 입에 오르내립니다. 애플이 새롭게 제시하는 기준이 바로 업계 표준이 되기도 하죠.

　　　그렇지만 앞으로 애플의 하드웨어에 대한 사람들의 관심은 점차 약해질 것으로 보입니다. 특히 스마트폰 하드웨어의 경우 삼성, 구글, 화웨이 등 경쟁 기업들의 추격이 빨라, 애플이 기술적인 부분에서 독점적인 우위를 점한다고 보기에는 어려움이 있습니다. 갤럭시 핸드폰은 예전부터 이미 방수가 잘 되었고, 구글의 핸드폰 카메라는 아이폰의 카메라보다 더 좋은 센서로 확연한 차이를 보이며, 제 3자 정도로 치부되던 중국의 화웨이 핸드폰은 이들 모두의 목전까지 쫓아왔습니다. 이것을 증명하듯 애플의 2018년 아이폰 실적은 시장의 기대와는 큰 격차를 보이며, 위기론까지 나오고 있습니다.

정말 애플의 시대는 저무는 걸까요?

애플은 지난 2019년 3월 25일 'It's Show Time.' 이벤트를 통해 신규 서비스를 대거 소개해 눈길을 끌었습니다. 그중에서도 몇 년간 소문만 무성했던 '애플 TV+(Apple TV+)' 서비스의 발표는 영화계의 거장 스티븐 스필버그 감독으로 시작해 토크쇼 역사상 최고의 진행자로 꼽히는 오프라 윈프리로 막을 내리는 구성으로 좌중을 뜨겁게 달궜죠. 그런데 이번 발표는 지금껏 우리가 경험했던 애플의 론칭 이벤트와는 조금은 다른 모습이었습니다.

특히 당일 발표된 하드웨어라고는 애플이 새롭게 내놓

은 티타늄으로 만들어진 신용카드 한 장이 전부였습니다. 나름대로 기대를 모았던 '에어팟2(AirPod 2)'의 론칭은 행사에 포함되지도 않은 채 온라인 스토어를 통해 판매를 시작해버렸고요. 게다가 애플의 무선 충전 패드 '에어파워(AirPower)'의 출시 계획이 취소되었음이 론칭 행사 이후 발표되기도 했습니다.

이러한 일련의 상황에 대해 대중들은 의아하다는 반응을 보였습니다. 특히 출시 예정이었던 제품을 기술적 한계(충전 시 패드 자체의 열 발생을 잡지 못해서)를 이유로 취소한 것은 실망스러운 모습이었습니다. 애플이 공들인 '애플 TV+'의 경우, 서비스를 이용할 수 있는 나라도 많지 않고 자체 제작 콘텐츠도 없었습니다. 애플의 위기는 현실이 된 걸까요? 정말, 애플의 시대가 저무는 걸까요? 저는 조금 다른 시각에서 볼 필요가 있다고 생각합니다.

완벽함을 최고의 가치로 추구하던 그들은 달라진 것인가?
확실히 달라졌습니다, 그것도 올바른 방향으로요

애플은 지금 체질 개선 중입니다. 하드웨어에 대한 그들의 완결

성과 자부심은 언제나 최고였고, 앞으로도 최고일 것입니다. 특히 여전히 매출의 대부분을 차지하고 있는 아이폰은 가장 뛰어난 스마트폰이죠. 하지만 스마트폰이 주도해오던 하드웨어 플랫폼 경쟁은 이미 무의미해졌습니다. 더 이상 기술력과 디자인의 우위로 선점할 수 있는 시장이 아니기 때문입니다. 이미 소비자들은 너무나 많은 옵션을 가지게 되었고, 제품 간의 작은 차이들은 업데이트나 앱으로 대부분 메울 수 있게 된 지 오래입니다.

　　브랜드 충성도가 높다 하더라도 임계점을 넘고 나면 소비자들이 가차없이 떠나버리는 현실을 고려한다면 애플은 지금 대단히 불안할 수밖에 없는 상황입니다. 그러한 불안은 2018년 말 주식 시장에 그대로 반영되어 몇 년간 수성하던 세상에서 가장 가치 있는 회사 1위 자리를 마이크로소프트에 내주기도 했습니다.

　　애플의 발표에서 보여준 메시지는 사실 명료했습니다. 사용자들의 삶을 다시금 장악하겠다는 것이었죠. 그 선봉에 선 것은 하드웨어 플랫폼이 아닌 소프트웨어 플랫폼이었습니다. 이에 따라 '뉴스+(News+, 뉴스 서브스크립션), 아케이드(Arcade, 게임 서브스크립션), 애플카드(AppleCard, 신용카드), 애플TV+(AppleTV+, 티비 서브스크립션) 제품 라인업이 소개되었습니다.

뉴스의 경우, 애플만의 독립 콘텐츠를 개발하는 것은 아니지만 기존 뉴스 미디어들의 가장 취약한 부분인 디지털 솔루션에 집중한 모습입니다. 뉴욕 타임즈와 몇몇 패션·디자인 매거진을 제외한 대부분 미디어들의 온라인 플랫폼은 디지털 사용자들을 배려한 서체 및 알맞은 자간, 행간조차 가지고 있지 않은 것이 현실입니다. 이런 상황에서 애플은 미디어가 콘텐츠를 만들어내면 그걸 잘 담아서 보여주고, 또 머신 러닝 등을 통해 사용자가 원하는 콘텐츠를 빠르게 받아 볼 수 있도록 하는 서비스를 오픈하겠다고 선포한 것입니다. 게임도 뉴스와 마찬가지로 서브스크립션(Subscription, 정기구독)을 통해 원하는 게임을 마음껏 어디서건, 어떤 디바이스에서건 할 수 있게 해주는 서비스입니다.

　　마이크로소프트의 게임기 엑스박스(Xbox)가 'Xbox Game Pass'라는 서브스크립션 모델을 도입한 후 사용자들의 전체 게임 시간이 20퍼센트 이상 증가했고, 새로운 게임이 플레이 될 확률이 40퍼센트 이상 늘었다는 통계는 서브스크립션 모델이 게임 산업에 얼마나 큰 영향을 미치는지 증명하는 확실한 계기가 되었습니다. 특히 애플의 게임 서비스 사용자들은 모바일 기기를 주로 이용하는 만큼, 게임 시간의 증가 및 다양한 게임 타이틀 재생의 증가는 확실하게 보장될 것이라는 것이 중론입니다.

애플카드의 경우 크게 혁신적이지 않다는 평가도 있으나, 애플이 신용카드 산업에 뛰어들었다는 것 자체가 엄청난 파급력을 지니고 있습니다. 이유는 간단합니다. 애플은 아이폰이라고 하는 가장 진화된 형태의 지갑을 보유하고 있습니다. 그 안의 '월렛(Wallet)'과 '애플페이(ApplePay)'는 지금까지 사용자의 금융 결제를 옆에서 보좌했죠. 애플카드는 금융 생활을 돕는 것을 넘어, 아예 그 생활 자체를 장악하겠다는 의도가 엿보입니다. 애플은 사용자들이 신용카드를 직접 사용할 때 발생하는 다양한 데이터를 모을 수 있습니다. 소비 습관, 생활 패턴, 생활 반경, 인간 관계 등 개인 정보를 통해 이 사람이 언제, 어디서, 왜 돈을 쓰는가에 대한 데이터를 가지게 되는 것이죠. 애플은 애플페이를 받지 않는 오프라인 소비 정보까지 모으겠다고 선언한 것입니다.

마지막으로 TV 서비스는 사람들의 일과 시간 이후 여가마저 애플의 플랫폼 안에 두겠다는 심산입니다. 동영상 스트리밍 춘추전국시대에 수준 높은 자체 제작 콘텐츠로 이목을 끌고, 많은 양의 제휴 콘텐츠들로 사람들이 애플TV만 사용해도 충분할 정도로 만들겠다는 목표가 엿보입니다. 이날 발표된 자체 제작 콘텐츠는 많은 이들의 기대를 받기에 충분했습니다. 오프라 윈프리를 모셔갔다는 것 하나만으로도 시청률은 이미 보장된 것이나 마찬가지라는 말이 나올 정도니 말입니다. 게다가 삼성, 엘지, 소니 등 하드웨어 제조사들과의 제휴로, 따로 애플TV 하드웨어를 사지 않아도 모든 콘텐츠를 쉽게 접할 수 있게 만들었습니다.

애플의 최근 발표와 광고 메시지는 '무엇이' 얼마나 '빠르게' 되느냐에서 '누가' 얼마나 '멋지게' 하느냐로 이동하고 있습니다. 애플의 첫 공식 블루투스 이어폰인 에어팟 출시 광고에서 길거리를 걷던 주인공이 에어팟을 귀에 꼽고 리듬을 타며 자유롭게 벽을 타고 걸어다니는 장면은 제품 광고라기 보단 한편의 뮤직비디오 같았습니다. 애플은 자신들의 제품을 사용하는 이들이 무언가 새로운 것을 창조하는 '크리에이터'로 비치기를 바랍니다. 최근 아이패드 프로의 런칭 행사에는 현재 예술계에서 최고의 주가를 올리고 있는 아티스트 카우즈(Kaws)가 단상에 오르기도 했습니다.

애플의 이러한 포지셔닝은 스티브 잡스가 최상의 퀄리티를 내기 위해 높아진 단가로 인해 심지어 돈을 잃어갈 때도 '브랜드의 가치'를 강조했던 것과 일치합니다. 스티브 잡스는 심지어

'브랜드 없이 애플은 없다.'고도 했죠. 그렇다면 왜 애플은 브랜드에 집착하는 것일까요?

애플이 브랜딩에 집착하는 이유

이 세상에는 우리가 상상할 수 없을 정도로 많은 종류의 비즈니스 형태가 존재합니다. 비즈니스는 크게 B2B(기업, 기관, 단체 등 비즈니스를 위한 비즈니스)와 B2C(개인 고객을 위한 비즈니스)로 나뉩니다. 저는 '딜로이트 디지털'이라는 디자인 · 디지털 컨설팅 회사에서 크리에이티브 디렉터로 일하며 여러 기업에게 디자인 · 디지털 컨설팅을 제공했습니다. 그 과정에서 어떤 종류의 비즈니스건 그들이 보유하고 있는 문제를 하나의 잣대를 가지고 일괄적으로 해결하는 것은 불가능하다는 점을 깨달았습니다.

문제를 해결하는 데 필요한 것은 프로세스 혹은 시스템의 개선인 경우가 많습니다. 미시적으로 생산 라인 기계의 담당자나 부품을 바꾼다고 문제가 해결되지 않는다는 뜻이죠.

B2C의 경우, 스마트폰 보급이 거의 전 지구적으로 이

루어진 이 시점에는 인터넷만 있다면 누구나 비슷한 수준의 서비스와 콘텐츠를 누릴 수 있습니다. 그래서 우리는 안드로이드폰이든 마이크로소프트폰이든 아이폰이든 상관없이 넷플릭스 같은 콘텐츠를 즐길 수 있습니다. 하지만 대부분의 애플리케이션은 애플, 삼성, 구글 같은 플랫폼 제공자가 아닌 다른 서비스 제공자들로부터 나옵니다.

아이폰의 경우 아이튠즈를 통해 모든 애플리케이션을 다운받아 사용합니다. 안드로이드폰은 구글 플레이스토어 같은 곳을 통해 다운받아 사용하죠. 애플, 구글 모두 각자의 기준을 정해 사용자들을 그들 플랫폼에 최대한 오래 붙잡아두려 노력합니다. 그러나 사용자 입장에서는 어떨까요? 같은 서비스를 누릴 수만 있다면 제공자가 누구인지는 크게 상관없습니다. 어떤 길을 통해 도달하느냐 정도의 차이죠. 그렇기 때문에 애플 입장에서는 사용자가 굳이 애플을 통해 그곳에 도달해야 할 명분을 끊임없이 찾아야 합니다. 또한, 최대한 많은 서비스 제공자들이 애플 생태계 안에서 그들의 서비스를 제공하게 함으로서 사용자가 다른 생태계보다 애플을 더욱 선호할 수 밖에 없게 만들어야 합니다. 이것을 위해 '브랜드'의 힘이 절대적으로 필요하죠.

브랜딩은 제품이 아니라
하나의 세계를 구축하는 일

가치 있는 브랜드는 더 많은 사람들을 끌어들이고, 더 많은 서비스 제공자가 모여드는 선순환의 고리를 이루는 핵심입니다. 이러한 관점에서 보면 애플의 하드웨어/소프트웨어 생태계 구축은 기간산업의 구축과 비슷한 성격을 가집니다. 사용자들이 원하는 곳에 갈 수 있도록 사용하는 공항, 철도, 고속도로 등을 애플이 만드는 것이죠.

이를 이용해 사용자들은 어디로든 갈 수 있지만 그 목적지를 군이 애플이 정해주지도 않고 또, 그럴 필요도 없습니다. 애플은 단지 시설들을 잘 관리하면서 사용자들이 오가는 길에서 발생하는 엄청난 수익을 거둬들이기만 하면 되는 것이죠.

그런 의미에서 애플의 저력은 제품 디자인의 수려함 혹은 다양한 애플리케이션의 사용보다 이들 모두를 합친 단단한 생태계 위에 세워진 그들의 '브랜드 가치'라 할 수 있습니다. 그렇기 때문에 경쟁사들도 브랜드 역량을 높이며, 헤게모니 싸움에서 승기를 잡기 위해 끊임없이 노력하는지 모릅니다.

트럼프의 빨간 모자와
안철수의 포스터

2016년 전 세계를 휩쓴 최고의 이슈는 아마 도널드 트럼프(Donald Trump)의 미국 대통령 당선이 아니었을까요? '미국 대통령이 누구건 대한민국이 무슨 상관인가?'라고 반문할 수 있지만, 그가 대통령 당선 과정에서 보인 충격적 발언과 행동들은 우리에게 충분히 고민할 거리들을 던져주었습니다.

도널드 트럼프가 처음 공화당 대통령 후보 경선에 참여했을 때 많은 이들은 철없는 억만장자의 장난질이라며 깎아내렸습니다. 하지만 그는 보란듯이 강력한 경선 우승 후보였던 젭 부시(Jeb Bush)와 다른 기성 정치인들을 제치고, 공화당의 대통령 후보로 등극합니다. 그 후 본선에서 강력한 대통령 후보로 지목되었던 민주당의 힐러리 클린턴(Hillary Clinton)조차 꺾어버리는 파란을 연출했습니다. 트럼프는 어떻게 역전승을 거둘 수 있었을까요? 여러 가지 이유가 있겠지만, 디자인과 마케팅의 관점에서 어떤 기술들이 시전되었는지 주목할 필요가 있습니다.

"미국을 다시 위대하게"
대중이 듣고 싶었던 그 말

"옥상으로 따라와." 영화 '말죽거리 잔혹사'의 명대사입니다. 학교에서 별 존재감 없던 현수가 학교의 속칭 일진이었던 종헌에게 던진 대사죠.

도널드 트럼프는 유명한 기업인이자 셀러브리티였지만 정치판에서는 애송이로 평가받았습니다. 그에 반해 아버지와 형에 이어 부시 가문의 세 번째 대통령을 노리던 젭 부시는 공화당의 적통 중에 적통이었습니다. 두 사람의 대결은 한마디로 공화당 안 일진과 정치 초보의 대결이나 다름없었죠.

그때 트럼프는 이렇게 외칩니다.

"Make America great again. (미국을 다시 위대하게.)"

"뭐라고? 미국을 다시 위대하게라니? 2차 세계대전 이후 줄곧 세계를 주름잡고 있는 나라가 바로 우리 미국인데!" 많은 미국인들은 "우리는 원래 위대했어!"라며 그의 부적절한 언사를 조롱했습니다. 엄청난 비난을 받던 그는 오히려 사람들에게 "너희는 애국자가 아니야!"라며 되려 적반하장식 낙인 찍기를 시도했습니다.

이번에도 그저 억지 주장을 펼치는 것이러니 했던 그의 행동 이후 신기하게도 그가 원했던 결과들이 나오기 시작했습니다. '지지층 결집'말입니다. 미국에는 다양한 인종들이 살지만 여전히 주류는 백인임을 부정하기 어렵습니다. 상류층 백인과 제조업 노동자 층은 백인의 프라이드를 강조하는 그의 말에 열렬히 반응하기 시작했습니다.

그들은 기술의 발전과 더불어 라틴아메리카 및 중국의 값싼 노동력에 일자리를 잃어 빈곤층으로 전락한 전통적 생산직 노동자 계층이었습니다. 과거 미국의 제조업 중심 경제 발전에 대한 강력한 향수를 가지고 있던 그들이 '미국의 영광을 재현하겠다.'는 말을 듣고 문득 깨달음을 얻은 것입니다. "지금의 미국을 만든 것은 중국 노동자도, 라틴아메리카의 노동자도 아닌 바로 우리야!"라고 말이죠. 그렇게 트럼프의 말 한마디는 일부 백인들의 입맛에 맞는 대의명분을 세워주었습니다.

평범한 전문가와 판을 깨는 뉴페이스의 대결!
승자는 누구였을까?

대세 힐러리 클린턴의 뒤에는 세계적인 디자인 회사 '펜타그램(Pentagram)'의 파트너 마이클 베이루트(Michael Bierut) 같은 그래픽 디자인계의 거목이 버티고 있었습니다. 여기에 여러 명의 캠페인 전문가들이 합세해 다양한 디자인 실험과 마케팅 전략이 실행됐죠. 힐러리의 캠페인은 일반인뿐 아니라 업계 전문가들에게도 호평을 받았습니다. 특히 그녀의 이름 이니셜 'H'와 진보를 상징하는 화살표가 결합된 대선 캠페인 로고는 눈에 잘 들어오면서도 고도의 상징적 의미를 담고 있어, 최고 수준의 브랜딩이라는 평가를 받았습니다.

힐러리 클린턴과 도널드 트럼프의 선거 로고

날죽거리 잔혹사로 돌아가 보죠. 현수는 운동으로 체력을 길렀을 뿐 아니라 본인만의 필살기를 준비하고 있었는데 그것은 바로 '쌍절곤'이었습니다. 쌍절곤은 수적 열세에 놓였던 현수가 옥상 위에서 여러 명의 일진과 싸울 때 그를 승리로 이끌어 준 무기였습니다. 도널드 트럼프의 '빨간 모자'는 바로 그런 비기였습니다.

사실 그가 처음 '미국을 다시 위대하게(Make America great again)'라는 문구가 적힌 빨간 모자를 쓰고 나왔을 때 많은 이들은 조소를 보냈습니다. 사용된 폰트는 조악하기 이를 데 없었고, 자간과 행간 또한 디자이너의 손을 거친 것인지 하는 의구심이 들 정도였으니까요. 그러나 이상하게도 이 모자를 한 번이라도 본 사람이라면 쉽게 잊을 수 없었습니다. 대중들에게 강렬한 인상을 남긴 것이지요. 뿐만 아니라, 패러디하기에도 용이했습니다. 뉴스부터 코미디 프로까지 이 모자를 활용한 콘텐츠를 만들기 시작했고, 그것이 인터넷 문화와 결합되면서 빠르게 퍼져나갔습니다. 덤으로 끊임없이 이야기까지 만들어냈죠.

그것을 본 순간 깨달을 수 있었습니다. 트럼프는 '버리는 카드'가 아닌 최고의 마케팅 실력을 가진 '킹'이었다는 것을,

처음부터 그가 노린 것은 막말을 가장한 '판 깨기'였다는 것을요.

'미국의 영광을 재현하자'는 캐치프레이즈는 전략의 첨병대 역할을 했고, 빨간 모자의 등장과 함께 무섭도록 빠른 속도로 대중들의 눈과 귀를 사로잡았습니다. 그리고 예감은 틀리지 않았습니다. 그는 미국의 45대 대통령에 당선되었으며, 지금 백악관의 주인이 되어 있습니다. 그리고 우리는 아마 그의 모자를 평생 기억하게 될 것입니다.

비슷한 전략, 전혀 다른 결과

대한민국의 운명을 가른 19대 대통령 선거가 한창이던 2017년. 이때 등장한 안철수 후보의 포스터는 많은 사람들의 관심을 한 몸에 받을 정도로 특이했습니다. 포스터가 처음 등장했을 때 많은 사람들의 반응은 '응? 이게 뭐지?'하는 어리둥절한 반응이었고 그러한 반응은 선거 기간 내내 회자되었습니다.

어떤 이들은 '디자이너가 안티(anti) 아니냐?'는 반응을 보이기도 했습니다. 아주 기초적인 디자인 상식만 있어도 의아하

도널드 트럼프의 'Make America Great Again' 모자는
어쩌면 미국 정치사에 영원히 남을 지도 모르겠습니다

게 여길 수 있는 조악한 구성과 기존 선거 포스터에 비해 현저히 떨어져 보이는 해상도와 빛 처리 등은 분명 아름다움과는 거리가 멀어 보였습니다.

하지만, 이것은 어찌 보면 광고의 제1원칙, '사람들의 눈을 사로잡아라'에 부합하는 포스터일지 모른다는 생각이 들었습니다. 분명 역대 대통령 후보 포스터에 사용된 적 없던 시각적 접근법이었습니다. 일반적으로 선거 포스터에는 근엄함 혹은 인자함을 강조하는 얼굴 중심 인물 사진을 씁니다. 그러나 안철수 후보는 양 옆으로 두 손을 번쩍 들어올린 포즈를 통해 프레임 밖에 있는 후보 포스터마저 옆으로 밀어버리며 앞으로 나오는 자세를 취하고 있었습니다. 본인이 새 시대를 여는 적임자라는 의미를 매우 적극적으로 전달한 것이죠.

분명 이러한 시도는 새로웠습니다. 그리고 무엇보다 이게 바로 안 후보에게 맞는 전략이었죠. 사실 그의 이미지는 근엄하지도 그렇다고 딱히 인자하지도 않았습니다. 오히려 '뛰어남', '독특함', 'IT 기업인' 같은 차별성이 그의 강점이었죠. 그런 만큼 대대로 내려오던 정치 공학적 산법은 크게 효과적이지 않았을 것입니다. 오히려 그에게 필요했던 것은 '판을 바꾸는 능력'이었고,

그런 면에서 분명 그의 선거 포스터는 효과적이었습니다. 결론적으로 말해, 안철수 후보의 포스터는 트럼프의 빨간 모자처럼 대중에게 후보의 이미지와 메시지를 강렬하게 각인시키는 전략이었던 것이죠.

하지만 그의 포스터는 트럼프의 빨간 모자만큼 선풍적인 효과를 가져오지 못했습니다. 왜냐하면 확장성이 없기 때문입니다. 사회 풍자로 유명한 다큐멘터리 감독 마이클 무어(Michael Moore)는 트럼프의 캠페인 전략을 평가하며 '중서부 지역 사람들은 어려운 정치 뉴스는 안 봐도 다들 야구모자 하나쯤은 집에 있다.'고 했습니다. 누구나 쉽게 '모자'라는 매개체를 통해 트럼프를 지지할 수 있었습니다. 하지만 결과적으로 안 후보의 'V' 자세는 그가 만들어온 나쁜 바이러스를 물리치는 백신(Vaccine)의 'V'를 나타내지도, 승리(Victory)의 'V'를 나타내지도 못 하고 아쉽게 역사 저편으로 물러가게 되었습니다.

지난 한국과 미국의 대통령 선거 과정과 결과를 지켜보며, 디자인과 마케팅의 역할에 대해 근원적인 질문을 할 수 밖에 없었습니다.

정치는 큰 흐름이지만, 각각의 정치인은 한 명 한 명이 브랜드입니다. 대중들을 사로잡는 펀치 라인도 필요하지만, 기본적으로 내공을 탄탄하게 쌓아야만 대중들이 원할 때 그 브랜드는 빛날 수 있습니다.

트럼프 대통령의 경우 정치인으로서의 경력은 짧았지만 움직이는 하나의 브랜드로서는 그 누구보다 이미 뛰어났던 사람입니다. 사업을 통해, 리얼리티 쇼를 통해 형성된 그의 브랜드는 이미 힐러리 그 이상이었죠. 여기에 탁월한 브랜드 마케팅 전략이 더해져 결국 '이변'이라 불리는 결과를 냈습니다.

정치인도 이제는 하나의 브랜드로서 만들고 발전시켜야 하는 시대가 온 것 같습니다. 그 안에서 디자인과 마케팅은 좀 더 적합한 사람에게 적합한 솔루션을 제공하는 역할을 해야 할 것입니다.

신의 한 수,
나이키 커머셜

광고는 흔히 '상업 예술'이라 불립니다. 그리고 그 광고
계의 최고봉에는 몇몇 브랜드가 존재하는데, 그중에서도 전 세계
모든 운동선수와 일반 대중에게 가장 영향력 있는 브랜드를 꼽자
면 '나이키(Nike)'일 것입니다. 나이키는 창의적이고 혁신적인 광고
로 사람들의 눈과 귀 그리고 마음을 사로잡습니다.

화제의 중심에 선 광고 하나

미국 시각으로 2018년 9월 4일에 공개된 나이키의 광고 캠페인

이 엄청난 화제였습니다.

언제나 그렇듯이 나이키라서 이슈가 되는 수준이 아닙니다. 트럼프 대통령조차 관련 코멘트를 트위터에 올렸을 정도니 말이죠. 또한, 사람들은 이 광고에 등장하는 인물과 광고 카피를 놓고 엄청나게 논쟁을 벌였습니다. 그 결과, 지난 몇 년간에 걸쳐 50퍼센트 이상 성장한 나이키의 주식은 해당 광고 송출 이후 24시간 동안 급락을 거듭하다가 1퍼센트 하락으로 겨우 장을 마감하기까지 했습니다. 나이키같이 매우 안정적인 수준의 회사로서는 놀라운 주가 변동 추이였습니다.

대체 무슨 이유로 이 광고는 논란의 중심에 서게 된 것일까요? 그 이면에는 역설적이게도 철저하게 계산된 나이키의 전략이 숨어 있었습니다.

미국의 정치권까지 들썩이게 한 나이키의 광고

'광고'라는 말의 사전적 정의는 이렇습니다. '명시적인 광고주가 광고를 접하는 수용자의 태도를 변화시키려고 매체를 통해 일방

"Believe in something,
even if it means sacrificing everything"

당신이 가진 모든 것을 잃더라도, 신념을 잃지 마라.

적으로 의사전달을 하는 행위'. 유무형의 매체를 통해 메시지를 전달하는 것, 그리고 그 전달된 메시지가 어떠한 반향을 일으키는 것이 광고의 궁극적인 목표입니다.

이는 대중에게 무언가를 '노출' 시키는 것으로 볼 수 있는데, 재미있는 것은 이 노출의 결과는 그것이 낳는 긍정적 사회 가치의 확산보다 얼마만큼 '사람들의 입에 오르내리느냐'로 평가 받는다는 점입니다. 그래서 요즘은 광고를 만들 때 메시지의 이면에 담긴 철학적 고뇌보다는 시각적, 청각적 이미지의 잔상이 오랫동안 기억되도록 설계합니다.

대표적인 예로, 앞에서 이야기 했던 안철수 후보의 'V' 자 포즈를 들 수 있죠. 후보의 공약을 기억하는 이는 많이 없어도 재미난 포스터의 잔형은 많은 이들의 기억에 남아 있습니다.

화제성만을 노린 광고는 아니었다

이번 나이키의 광고에는 미국 농구의 황제 르브론 제임스(Lebron James)와 테니스 여제 세레나 윌리엄스(Serena Williams)가 등장합니다. 그리고 그들과 함께 이번 논란의 중심이 된 인물, 콜린 케퍼닉 (Colin Kaepernick)이 등장합니다.

그는 미국 NFL(The National Football League)에서 활동하는 미식축구 선수입니다. 콜린 케퍼닉은 2016년 인종차별주의에 반발해 미국 국가를 부르는 동안 무릎을 꿇는 퍼포먼스를 벌여 경기 출장 정지를 당한 상태죠.

미식축구만큼 미국인들의 사랑을 받는 스포츠도 없습니다. 물론 NBA(The National Basketball Association)나 MLB(Major League Baseball)같은 스포츠도 대중의 사랑을 받지만 미국인들이 최고로 사랑하는 스포츠는 역시 미식축구입니다. 매 경기가 시작하기 전에는 미국 국가가 울려 퍼지는데 이때는 자유로울 것만 같은 미국인들도 경건한 마음으로 가슴에 손을 얹거나 국가를 따라 부릅니다. 나라를 대표하는 스포츠인 만큼, 이 순간만큼은 누구도 함부로 다른 짓을 하지 못합니다. 하지만 사회 운동가로도 활동하는 케퍼닉은 인종차별에 대한 경종을 울리기 위해 가슴에 손을 얹지 않고 무릎을 꿇는 모습을 연출했습니다. 행동을 통해 자신의 생각을 강력하게 전달한 것이죠.

그 뒤로 케퍼닉은 그가 사랑하는 미식축구를 더 이상

하지 못한 채 무거운 짐을 안고 살아가고 있습니다.

광고는 사람들에게 회자되는 것을 큰 가치로 여긴다고 했습니다. 그런 면에서 나이키의 이 캠페인은 '성공'입니다. 광고가 나간 지 24시간 만에 한화로 500억 원 정도의 미디어 노출 효과를 거두었다는 평가를 받고 있으니까요. 하지만 이 나이키 광고에서 주목할 점은 미디어 노출 양뿐만이 아닙니다. 그것이 정교하게 어떤 타켓 층을 노렸고, 또 장기적인 관점에서 얼마나 잘 짜여진 광고인가 하는 점을 좀 더 관심 깊게 볼 필요가 있습니다.

메시지의 적절성과 타이밍

2016년 트럼프 정권이 들어선 이후 미국은 아주 빠르게 우경화(右傾化)되어갔습니다. 트럼프 대통령의 미국 우선 정책은 타국에 대한 강경 노선뿐 아니라 미국의 뿌리 깊은 인종 갈등까지 격화시켰습니다. 이에 많은 미국인은 분노했고, 저항하고 있습니다.

이런 사회 분위기 속에서 불법적인 방법으로 돈을 모으고 권력을 잡았다고 의심되는 인종차별적 대통령에게 대항하는

미국의 미식축구 선수 케퍼닉을 광고 모델로 발탁한 것은 최고의
선택이었습니다. 당연히 많은 이들은 이 광고에 관심을 보였습니
다. 나이키 광고가 어떻게 총기 살해 사건보다도 많이 회자되느냐
며 혀를 차는 사람들이 있었을 정도로요.

나이키의 주 타깃층은 역시 젊은 세대

무언가를 이미 이루었거나, 누군가로부터 물려받은 재산이 있어
유복한 사람들 보다, 자신의 능력으로 최고가 되고 싶은 혹은 가
능성 하나로 힘차게 세상과 부딪치는 전 세계의 젊은 세대가 나이
키의 주 타깃층입니다.

특히 미국에서는 'Self-made Millionaire'라는 자수성가
형 인간이 되기 위해 운동도 공부도 아주 열심히 하는 경향이 큽
니다. 이 나이키 광고 시리즈에 등장하는 유명 운동선수들이 정확
히 이 카테고리에 들어갑니다. 현실이 각박하고 힘들더라도, 그것
을 믿음으로 극복하고 이겨낸 사람들의 스토리를 나이키는 복음
처럼 퍼트리는 것이죠.

나이키의 주 소비층인 10대부터 40대까지의 사람들은 이에 거침없이 열광하며, 한 켤레에 한화로 20만 원에 육박하는 신발을 수조 원어치씩 팔아주었습니다. 이는 어찌 보면 잘 짜여진 미러링 효과(Mirroring effect, 상대의 행동을 무의식적으로 따라하는 모방 본능)라고도 볼 수 있습니다. 나이키의 제품들이 얼마나 기술적으로 뛰어난가를 따지기보다 이 시대의 영웅과도 같은 인물들처럼 되고 싶다는 욕망을 건드려 광고의 수용자를 브랜드 안으로 완벽하게 끌어안는 전략이죠. 이 지점에 다다르면 제품의 판매는 덤일 뿐입니다.

　　광고의 세계는 역동적이면서도 복잡합니다. 분명히 상업적인 커뮤니케이션이지만, 사람들에게 영감을 주는 예술과도 같은 면을 가지고 있습니다. 이 정도로 대단한 파급력을 사람들에게 심어준 나이키의 전략은 '대단하다'는 수준을 넘어 '신의 한 수'라고 밖에 표현할 수 없을 것 같습니다.

던킨도너츠엔
도너츠가 없다?

•••➤

던킨도너츠(Dunkin' Donuts)는 1950년 미국 매사추세츠 주의 작은 도시 퀸시에서 시작해, 전 세계 36개국에 12,000여 개의 매장을 지닌 글로벌 푸드 체인 중 하나로 성장했습니다.

2018년 그들은 퀸시에 다시 한 번 상징적인 매장을 선보였습니다. 그런데 이상한 점은 브랜드명에서 도너츠를 더 이상 찾아볼 수 없다는 것입니다. 게다가 2019년을 기점으로 모든 매장의 이름을 던킨(Dunkin')으로 통합한다는 계획까지 발표했습니다. 도대체 무슨 사정이 있는 것일까요?

던킨도너츠는 미국은 물론 한국에서도 많은 사랑을 받는 브랜드입니다. 특히 한국에서는 톡톡 튀는 마케팅과 품질 관리로 소비자에게 나쁘지 않은 이미지를 유지하고 있습니다. 하지만 그들의 본고장 미국에서는 조금 사정이 다릅니다.

우선 미국에서 던킨도너츠에 대한 인식은 '퀄리티가 높지 않은 간식' 수준입니다. 특히 건강에 신경을 쓰는 사람들이 많아 오가닉 브랜드나 레스토랑이 큰 인기를 끄는 뉴욕 같은 도시에서 던킨도너츠에 대한 소비자들의 반응은 한국과 많이 다릅니다. 더욱이 그들의 경쟁 브랜드인 스타벅스(Starbucks), 프레 타 망제(Pret A Manger), 맥도날드(McDonald's) 등의 고급화, 다각화 전략에 밀려 매출이 점점 줄고 있습니다. 이러한 상황을 타개하기 위해 던킨도너츠는 총체적 리브랜딩(re-branding)과 사업 전략 수정을 단행했습니다.

새로운 타깃

탄수화물이 공공의 적처럼 되어버린 요즘, 누구에게는 기름으로 튀긴 설탕 범벅 도너츠가 '악의 축'으로 여겨집니다. 그렇기에 브랜드 이름에 들어간 '도너츠'라는 카테고리로 인해 오히려 잠재적 고객을 놓치게 만드는 부분이 있습니다. 그들의 시작점인 도너츠가 이제는 거추장스러운 낡은 옷이 된 것이죠. 실제로 던킨도너츠의 매출 중 60퍼센트는 음료 판매에서 나옵니다. 이미 주력 상품이 바뀌었다는 뜻입니다.

이에 발맞춰 차세대 던킨 매장에서는 탭(tap) 음료 라인을 선보였습니다. 생맥주처럼 손잡이를 잡아당겨 음료를 따라주는 것인데, 뛰어난 바리스타 없이도 일정 수준 이상의 음료를 빠르게 제공할 수 있는 것이 특징입니다. 던킨은 기존 메뉴 중 10퍼센트를 이미 정리한 상태고, 모닝 샌드위치와 고급 커피 등 다양한 새 메뉴를 소개하면서 고객의 새로운 취향을 만족시키기 위해 노력하고 있습니다.

디지털 트랜스포메이션

새로운 타깃이 설정되었으니 그에 맞는 변화를 이뤄야 합니다. 던킨은 브랜드 이름을 줄이는 것을 넘어 많은 부분에서 모던하고 신속하게 변할 것임을 예고했습니다. 던킨 온 디멘드(Dunkin' on

Demand)라는 키오스크(디지털 주문, 결제 시스템)와 모바일 애플리케이션 주문 시스템을 구축하여 고객을 응대하겠다는 계획입니다.

늦은 감이 있지만 그래도 올바른 방향 설정입니다. 요즘 식음료 업계의 화두는 '어떻게 하면 양질의 음식을 빠르게 대접하느냐.'입니다. 요즘은 매장에 들어갔을 때 원하는 음식을 바로 서빙받을 수 있을 정도의 빠른 프로세스가 필수입니다. 보스턴 출신의 샐러드 체인 스위트그린(sweetgreen)과 멕시칸 푸드 체인 치폴레(Chipotle) 등은 뛰어난 디지털 주문 시스템을 구축함으로써 고객들의 폭발적 호응을 이끌어 낸 바 있습니다.

밀레니얼 세대를 위한 메시지

사실 위의 '좋은 품질'과 '속도' 두 가치는 밀레니얼 세대와 연관이 깊습니다. 1980년대 초반~2000년대 초반에 태어난 밀레니얼 세대는 현재 가장 왕성한 소비 패턴을 보이는 세대입니다. 디지털에 민감한 그들을 잡기 위해서는 단순히 '빠르게 주문할 수 있다'만으로 부족합니다. 그들에게 강력하게 어필할 수 있는 메시

소비 계층의 변화, 소비자 욕구의 변화에 따라 리브랜딩을 진행한 던킨의 디자인

지가 필요하죠.

　미국에서 지난 한 세대를 풍미했던 던킨도너츠의 캐치프레이즈는 '미국은 던킨이 움직인다.(America, Runs on Dunkin.)'였습니다. 열심히 사는 미국의 서민을 향한 멋진 구호였고, 당시 많은 이들의 뇌리에 각인되었던 희대의 광고 카피 중 하나였습니다. 그러나 시대는 바뀌었습니다. 밀레니얼 세대는 '열심히 살자' 같은 구호보다는 보다 '쿨(cool)하고 긍정적으로, 멋지게 살자.' 같은 메시지에 더 열광합니다. 던킨이 이번에 공개한 '긍정의 에너지로 가득 차다.(Fueled by Positive Energy.)'와 '커피를 마시고 멋져지자.(Drink Coffee. Be Awesome.)'처럼 말이죠.

　삼성의 이건희 회장은 '신경영' 선언에서 '마누라와 자식 빼고 다 바꾸자'는 선언을 했습니다. 요즘 시대에 들으면 '어떻게 저런 식의 발언을 할 수 있나' 하겠지만, 그만큼 절박한 심정으로 변화해야 뒤처지지 않는다는 의미겠지요. 환경 변화에 적응하지 못하면 도태될 수밖에 없습니다. 전 세계를 호령했던 던킨도너츠는 뼈를 깎는 심정으로 출발점이었던 '도너츠'를 사명에서 빼기로 결정했을 것입니다. 결과의 성공 여부를 떠나 그들의 용감한 도전에 박수를 보냅니다.

대한항공의 회항 없는
디자인 솔루션

대한항공은 영문 이름 'Korean air'에서 알 수 있듯 사실상 대한민국 국적기 역할을 합니다. 전 세계 주요 도시를 직항으로 연결하며 세계와 한국을 이어주는 가교 역할을 하죠. 저처럼 타향살이를 하는 사람들은 어느 정도 고향과 나를 이어주는 그들의 역할에(물론 아시아나 항공도 마찬가지입니다만,) 고마움을 느낍니다. 승무원의 친절함은 다른 어느 나라 항공사에서도 찾아볼 수 없는 수준의 서비스입니다.

하지만 지난 몇 년 간은 그들의 자랑할 만한 서비스 혹은 최신형 비행기에 대한 이야기보다, 갑질 논란 등으로 사람들의 입에 오르내렸습니다. 참 안타까운 일이죠. 특히 디자이너인 저는 대한항공을 이용할 때마다 아쉬움을 느끼는 포인트가 여럿 있습니다.

현재 시장에서 주가가 높은 타 항공사를 이용해 보면, 대한항공의 낙후된 디지털 시스템과 브랜드 정체성을 드러내지 못하는 디자인이 더 도드라집니다. 비행기가 잘 날기만 하면 되지, 디자인이 무슨 상관이냐 할 수도 있겠지만, 큰 틀에서 몇 가지 부분을 개선한다면 더욱 멋진 항공사로 발전할 수 있지 않을까 합니다.

첫째, 대한항공 브랜딩 2.0이 필요한 시점이 되었습니다

'대한항공'하면 파란 하늘을 상징하는 하늘색 배경과 태극 문양이 먼저 떠오릅니다. 굵은 세리프체로 적힌 로고에서는 전통과 근엄함이 느껴지죠. 하지만 향수를 불러일으키는 느낌 그 이상 그 이하도 아닙니다. 최근 설립되었거나 리브랜딩된 항공사와 견주어 보면 확연한 차이를 느낄 수 있습니다.

사우스웨스트항공(Southwest Airline)은 리브랜딩을 통해 밋밋하고 근엄해보이기만 하던 로고를 역동적 컬러와 진화된 서체로 업그레이드시켰으며, 일반적인 상황에서는 보기 힘든 비행기의 밑면에 그들의 상징인 하트를 그려넣는 디테일까지 선보였습니다. 그 결과 비즈니스 이용자와 일반 이용자들에게 7퍼센트 이상의 브랜드 인지도 향상을 가져왔으며, 2014년에는 최고의 항공사로 뽑히는 영애도 안았습니다. 그들의 새로운 캐치프레이즈인 '작지만 먼 길을 가는 심장(A little heart goes a long way)'을 효과적으로 표현한 리브랜딩이었죠.

전통을 멋지게 재해석한 관점에서 보자면 하와이 특유의 색감과 문양, 전통 의상 등을 잘 반영한 하와이안항공(Hawaiian Airlines) 혹은 시애틀 추장에서 영감을 받은 알래스카항공(Alaska Airlines)의 브랜딩도 주목할 만합니다.

바로 이러한 접근이 대한항공에 필요합니다. 그저 태극 문양을 브랜드에 넣었다고 해서 대한민국을 잘 나타내었다고 보기는 어렵습니다. 너무 직설적인 접근보다 은유적이고 체계적인 브랜드 시스템 차원의 접근이 더 중요하죠.

또한 브랜딩의 총체적 개선을 위해서 항공·운송 산업

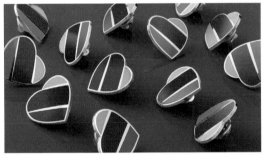

성공적인 항공사 리모델링 사례로 손꼽히는
사우스웨스트항공

의 속성과 그 변화에 주목할 필요가 있습니다. 현재 인류는 기술의 발달에 힘입어 운송 수단의 개념 자체를 근본적으로 바꾸고 있습니다. 미래에는 이동 수단을 소유하는 것이 의미없어질 지도 모릅니다. 지불하는 액수가 높을수록 더 좋은 서비스를 누리게 될 뿐, 기본적으로 이동 수단은 공유될 것이기 때문입니다.

한마디로 대한항공이 미래에는 차량 공유 서비스인 우버(Uber)와 경쟁해야 할지도 모른다는 말입니다. 그런 변화의 측면에서 보자면 대한항공의 브랜딩이 조금은 더 역동적이고 디지털에 걸맞은 모습으로 진화하는 것이 맞을 것입니다. 비엠더블유(BMW)나 메르세데스 벤츠(Mercedes-Benz) 같은 자동차 회사들이 전통적인 형태를 기반으로 시대의 변화에 맞게 디자인을 바꾸어 가는 것처럼 말이죠.

혹은 최근 주목받는 민간 우주 여행사인 스페이스엑스(SpaceX)와 버진 갤럭틱(Virgin Galactic)같은 회사의 브랜딩에서 볼 수 있는 역동성과 모던함을 참고하는 것도 좋겠습니다. 국제선을 운용하는 항공사로서 가져야 하는 대한항공만의 정체성과 함께 앞으로 다가올 혁명적 변화에 걸맞는 비전을 새로운 브랜딩에 녹여내 고객들에게 제시해야 합니다.

둘째, 디지털 플랫폼을 강화해야 합니다

현재 시중에 나와 있는 대한항공의 디지털 서비스는 아주 나쁘다고 하긴 어렵습니다. 하지만 간신히 제 기능을 해내는 수준이죠.

항공권 예매부터 결제까지 분명 되기는 하지만 그 과정이 일관되고, 정제된 경험이라기보다, 여러 개의 불규칙한 허들을 계속 넘어야 하는 숨 가쁜 느낌입니다. 특히 요즘 경험 디자인에서는 사용자에게 무엇을 선택할 것인지 덜 물어보고 서비스가 알아서 도와주는 인공지능형 경험이 대세인데, 현재 대한항공의 예매 시스템은 모든 단계마다, 알아야 할 정보부터 굳이 꺼내놓지 않아도 되는 정보까지 모두 미주알고주알 노출한 다음 그 복잡한 정보 속 선택을 사용자에게 반강제로 떠넘기는 수준의 프로세스를 가지고 있습니다.

웹과 애플리케이션, 그리고 기내 디스플레이까지 상당히 동떨어진 시각적, 경험적 구성을 가지고 있는 것도 안타까운 점입니다. 앞서 언급한 브랜딩 2.0을 통해 컬러부터 서체, 이미지 및 동영상 스타일까지 체계적으로 정리해 적용한다면, 대한항공도 다른 항공사 못지않은 수준 높은 디지털 경험을 구축할 수 있을지 모릅니다. 특히 인공지능이 대세가 되어 인력이 자동화 시스템으로 대체되는 시대에, 제대로 된 항공권 검색 및 추천, 결제, 체크인조차 구축되지 않은 회사는 소비자의 선택에서 밀려날 수밖에 없습니다.

마지막으로 서비스의 중심은
사람이 아닌 디지털이 되어야 합니다

대한항공 하면 가장 먼저 떠오르는 것 중 하나가 천사 같은 미소의 승무원들입니다. 사실 친절해도 너무 친절하죠. 승무원도 사람이기에 일하다 보면 힘든 일도 있고 피곤할 텐데, 항상 웃는 모습을 볼 때면 '이렇게까지 과도하게 친절해야 하는 걸까?'하는 생각도 듭니다.

그들이 이렇게까지 친절해야 하는 이유가 기내 디지털 인프라가 잘 갖추어지지 않았거나 혹은 서비스 프로세스가 복잡하기 때문은 아닐까요? 끊임없이 발생하는 민원을 승무원의 친절함으로 무마시키려는 것은 아닌지 돌아볼 필요가 있습니다.

잘 싸인 매뉴얼대로 승객을 대하는 것이 승무원들의 임무입니다. 그런데 그러한 매뉴얼 조차 이제 업데이트가 돼야 할 시기가 한참 지나지 않았나 합니다. 좌석 정면에 놓인 디지털 디스플레이는 오락용으로 주로 쓰입니다. 국제선의 경우 인터넷이 되지 않는 경우가 많아, 영화를 틀어놓고 도착할 때까지 감상하며 시간을 보내기 일쑤죠. 하지만 이 디스플레이를 서비스에 더 적극적으로 활용하면 어떨까요?

요즘 민간 사업자 영역에서의 콜센터 혹은 고객 문의 채팅은 '챗봇(Chatbot)' 등 인공지능이 대부분 맡아 하고 있습니다. 어느 정도 데이터와 매뉴얼이 있기 때문에 가능한 일입니다. 일례로 구글은 인공지능이 미용실 같은 지역 상점에 전화를 걸어 예약을 해주는 기술을 선보였습니다. 그 과정에서 전화를 받는 쪽은 인공지능이 전화를 걸었다는 것을 짐작조차 하지 못하는 듯했습니다.

이 정도로 발전된 어시스트 기능이 이미 존재하고 있는 만큼 충분한 양의 데이터를 잘만 정리해 이미 설치된 혹은 조금 발전된 형태의 디스플레이에 적용한다면 승무원들이 굳이 좁은 통로를 수백 번씩 오가는 고생을 하지 않아도 될 것입니다. 승객도 당연히 더 효율적으로 그들이 원하는 바를 좌석에서 즉시 이룰 확률이 높아질 것이고, 그러면 아마도 불필요한 갑질도 최소화되지 않을까 합니다. 이러한 디지털 응대 시스템을 동원한다면 항공기를 이용하는 고객도 승무원도 충분히 윈-윈(win-win)할 수 있을 것입니다.

비행기의 운임은 시간이 지날수록 더 저렴해질 수밖에 없습니다. 대체 에너지 기술과 동력 기술의 발전이 계속해서 이루어지고 있기 때문입니다. 앞으로 항공사들은 추가 수입원을 만들기 위해 많은 아이디어를 짤 것입니다. 예를 들면 항공기 안에 쇼핑센터를 만들거나, 하늘을 나는 카지노를 운영하는 등의 방법이 있겠죠. 이들 모두 디지털 디스플레이를 허브로 구현할 수 있습니다. 새로운 서비스뿐 아니라, 비행기 안에서 이루어지는 기존의 승객 서비스들도 사람이 아닌 디지털이 중심이 된다면 더욱 발빠르게 변화에 대응할 수 있을 것입니다.

사실 이 글에서 제시하는 바는 여러 가정을 기반으로 한 제시 정도입니다. 하지만 이미 변화에 기민하게 반응하는 유수의 항공사들을 볼 때면 대한민국을 대표하는 항공사가 점점 경쟁에 뒤처져 나중에는 완전히 도태되는 것은 아닌가 하는 걱정이 듭니다. 그렇게 되면 결국 피해는 어쩔 수 없이 우리 국민이 보게 될 것입니다.

최근 몇 년간 여러 문제로 어수선했던 대한항공이, 어서 발전적인 모습으로 환골탈태하여 국민들의 기대에 부응하는 건강한 기업으로 다시 태어났으면 하는 바람입니다.

스마트폰에 바퀴를 달자

테슬라(Tesla)라는 남아프리카 출신의 사업가 엘론 머스크(Elon Musk)가 설립한 전기 자동차 회사가 있습니다. 테슬라는 절망과 환희를 번갈아가며 맛본 회사입니다. CEO이자 창업자인 엘론 머스크가 오디오 팟캐스트에 출연해 대마초를 피워(물론 불법은 아니었으나) 정부 당국과 주주들의 우려를 사기도 했고, 주식회사에서 개인회사로 변경을 고려한다는 발언을 해서 주가가 폭락하기도 했습니다. 계속된 자금난으로 인해 이러다 테슬라가 파산하는 것 아닌가 하는 우려도 낳았죠.

하지만 대중형 전기차 Model 3의 생산 지연은 기가 팩토리(Gigafactory, 테슬라가 건설하고 있는 세계 최대의 리튬이온, 전지, 자동차 생산 공장)의 오픈과 효율적 운영으로 해결하고, 상대적으로 저렴한 중거리용 모델을 출시함으로써 반등에 성공했습니다. 심지어 미국 시장에서 테슬라의 차량 판매 수가 전통적인 자동차 강자들을 앞지르는 현상까지 나타났죠.

혁신 기업 테슬라의 행보를 추적해봅시다

사실 테슬라를 포함한 엘론 머스크가 하는 사업의 포트폴리오를 자세히 들여다보면 상당히 재미있습니다. 그가 손대는 사업은 대부분 게임체인징(Game Changing, 시장의 패러다임을 바꾸는) 사업입니다. 테슬라는 자동차 브랜드로 알려져 있지만, 실상은 자율 주행 시대의 서막을 알리는 이동 수단의 혁명을 주도하는 기업으로 보는 것이 옳을 것입니다. 얼마 전 선보인 전기 화물 트럭을 필두로 물류 혁명의 큰 그림까지 그리고 있으니까요.

엘론 머스크는 보링 컴퍼니(Boring Company)라는 유관 회사를 통해 교통 인프라 구축도 꿈꾸고 있습니다. 교통 체증으로 고통받는 시민들을 위해 도시의 지하를 관통하는 땅굴을 파겠다는 계획도 세웠죠.

스페이스엑스(SpaceX)는 작게는 뉴욕과 상하이를 한 시간 안에 연결하고 크게는 지구와 화성을 연결하는 항로를 구축 중입니다. 이러한 모든 이동수단의 혁명을 뒷받침하기 위해 태양광 발전을 기초로 한 대체 에너지원을 전 지구적으로 구축하는 사업도 진행 중입니다. 엘론 머스크는 이렇게 우리가 당면한 문제를 근본적인 차원에서 획기적인 방식으로 풀어나가며 기회를 노리는 사업가죠.

그렇다면, 삼성은 어떨까요?

우리나라 기업으로 시선을 돌려볼까요. 삼성전자는 세계 제일의 스마트폰 생산 회사입니다. 분야를 막론하고 세계 최고는 도달하기 어려운 경지인데, 그중에서도 최고의 기술력을 가진 회사들이 진검 승부를 벌이는 스마트폰 시장에서 쟁취한 타이틀인 만큼 엄청난 일입니다.

삼성전자는 매년 영업 이익 최고치를 경신하고 있습니

다. 하지만 그중에서 주목할 부분은 역대 최고 실적의 수훈갑이 스마트폰이 아니라 반도체라는 사실입니다. 전체 수익의 70퍼센트 이상을 반도체가 담당하는 데 반해 스마트폰 사업부의 영업 이익은 2조 원대 초반(2018년 10월 기준)인 것을 보면 그 차이는 상당해 보입니다.

그렇지만 삼성이 스마트폰 사업부를 포기할 것 같지는 않습니다. 미국과 중국에서 점유율이 현저하게 떨어졌다고는 하나 세계에서 두 번째로 많은 인구를 보유하고 있는 인도 시장에서 시장 1위를 고수하고 있고, 대표 브랜드인 갤럭시에 대한 충성 고객층이 꽤 두텁기 때문입니다. 중국의 화웨이가 생산 단가를 최대한 낮추고 좋은 하드웨어 스펙으로 위협적인 제품들을 선보이기는 하나, 여전히 소프트웨어적인 면에서는 삼성이나 애플에 미치지 못한다는 평가가 지배적입니다.

삼성은 스마트폰 업계의 강자로 군림하고 있지만, 아쉽게도 스마트폰은 이미 안정세에 접어든 시장입니다. 이런 시점에서 삼성전자는 얼마 되지 않는 내수 시장에 매달리기보다는, 테슬라처럼 인류의 라이프 스타일을 바꾸는 게임 체인징 사업에 조금 더 과감히 뛰어들어야 한다는 생각이 듭니다.

누구나 유비쿼터스 시대를 주도하고 싶어 합니다
하지만 생각처럼 쉬운 일은 아닙니다

유비쿼터스(Ubiquitous)는 '언제, 어디에나 존재한다.'는 뜻의 라틴어입니다. 이 말이 회자된 지는 꽤 되었지만, 인공지능이 상용화된 최근에야 모든 사람들이 공감할 수 있게 된 것 같습니다.

어떤 공간에 귀속되어 있든 간에 경험의 연속성을 유지하고, 원하는 것을 바로 해결해주는 것이 미래 경험 디자인의 핵심입니다. 그래서 이동수단과 통신수단, 생활을 하나로 묶는 '스마트리빙(Smart Living)'과 유비쿼터스 기술이 주목받는 것입니다.

지금까지 온·오프라인 경험의 연속성을 구축하기 위해 가장 많은 공이 들어갔던 산업은 스마트폰 시장이었습니다. 그러나 스마트폰 자체의 기술적, 기능적 성장이 거의 한계점에 다다른 지금, 경험의 중심을 스마트폰에서 스마트리빙으로 확대해서 보는 것이 옳습니다. 이 시장을 놓치지 않기 위해 구글과 애플도 모두 자율주행과 스마트홈 시장에 과감하게 뛰어들었지만, 현재까지 자율주행 혹은 차세대 이동수단과 관련해서 만큼은 특별한 성과를 내지 못하고 있습니다. 추측컨대, 소프트웨어를 기반으로 시작한 구글 같은 회사는(물론 최근 들어 하드웨어에 공을 들이고 있기는 하지만) 실제 양산 가능한 자율 주행 머신을 개발하는 일이 생각처럼 쉽지 않을 것입니다. 그런 면에서 디자인, 사용자 경험, 하드웨어 생산능력 3박자를 고루 갖춘 삼성은 지금의 IoT 시대에 가장 걸맞는 브랜드입니다.

마음만 먹는다면 테슬라에 버금가는, 혹은 그 이상의 전기 자동차를 만들어 낼 수 있을지 모릅니다. 왜냐하면 전기 자동차는 바퀴 달린 스마트폰이기 때문입니다. 삼성은 이미 몇 년 전부터 전기 자동차 배터리 시장에 진출해 있습니다. 스마트폰을 직접 만들어 경쟁하기보다는 반도체를 만들어 반도체가 들어간 모든 제품이 팔릴 때마다 수익을 올리듯, 전기 배터리에 집중 투자할 계획일 수 있습니다. 하지만 삼성은 핵심 부품을 납품하는 수준을 넘어 시장 자체를 견인하고 리드할 수 있는 역량이 있는 회사입니다. 이런 상황에서 전기차 시장에 도전할 생각조차 하지 않고 있다면 상당히 안타까운 일입니다.

중국에는 현재 수백 개의 전기차 회사가 있고, 이들은 중국 내수 시장뿐 아니라 해외에서도 큰 관심을 받는 자동차 모델들을 출시하고 있습니다. 중국은 국가 시책으로 정해지면 한 순간에 모든 게 업그레이드될 수 있는 체제인 만큼, 곧 중국산 전기 자동차 시대가 열릴 수도 있습니다. 게다가 미국에서는 벌써 전기차에 대한 세제 혜택을 대폭 감소하고 있습니다. 정부 보조금 없이도 사람들이 전기차를 택할 만큼 시장이 성숙 단계에 이르렀다는 뜻입니다.

물론 삼성은 굳이 전기 자동차를 만들지 않아도 글로벌 기업으로서 명성을 이어갈 수 있습니다. 하지만, 삼성 같은 대기업은 단순히 이윤만을 추구하는 조직이 되어서는 안 됩니다. 세상을 움직이는 한 축으로써, 같은 시대를 살아가는 사람들에게 영감을 주어야 합니다.

삼성이 지난 스마트폰 주도 성장 시대에서 전 세계를 호령했듯, 뛰어난 디자인과 생산 능력을 갖고 인공지능과 자율 주행의 최전선인 전기차 사업에 뛰어들어 변혁의 시대에 영감을 주는 세계 최고의 기업이 되었으면 하는 바람입니다.

테슬라의 모델 3은 어떻게 사람들의 마음을 훔쳤나?

2018년, 전기차 제조회사 테슬라(Tesla)는 미국 내에서 메르세데스 벤츠의 판매량을 앞지를 정도로 빠른 성장률을 보였습니다. 특히 모델 3(Model 3)은 테슬라의 전체 판매량 중 70퍼센트 이상을 차지하는 압도적인 판매고를 올리며 효자 노릇을 했습니다.

대중들이 전기 자동차를 구매할 때 가장 망설였던 부분은 비싼 가격과 익숙지 않은 전기차 구동 방식이었는데, 모델 3은 이 두 가지 부분에서 모두 소비자들의 마음을 사로잡았습니다. 사용자 경험 측면에서 테슬라의 대표적인 전기차 '모델 3'을 살펴보겠습니다.

유저 친화적인 접근으로 시장을 선도하다

테슬라가 다른 차들과 큰 격차를 벌린 요소 중 하나는 바로 콕핏 (cockpit)이라 불리는 디스플레이입니다. 기존 내연기관차의 대시 보드(운전석과 조수석 정면의 각종 계기들이 달린 부분)가 인터렉션이 되지 않는 1차원적 정보 전달의 성격이 강했다면, 테슬라의 디스 플레이는 정보 전달뿐 아니라 모든 기능을 제어할 수 있는 경험을 선사합니다.

가장 이상적인 대시보드의 위치는 운전자의 정면 시선 과 일치하는 운전대 뒤입니다. 주행 중에 반드시 알아야 하는 정 보를 고개를 돌리지 않고도 알 수 있어야 하기 때문입니다. 테슬 라 모델 S와 X의 경우 운전석 정면과 우측에 2개의 디스플레이 가 있습니다. 정면의 메인 디스플레이에는 차량 주행과 관련된 정 보(속도, 엔진 및 가솔린 상태 등)가 나오고 기타 정보(지리 정보 와 음악 등)는 오른쪽에 배치된 세컨드 디스플레이에 나타나죠. 중요도에 따라 경험을 의도적으로 분산시키는 것입니다. 하지만 모델 3의 경우는 이 모든 것을 한 개의 화면에서 보여주는 단일 디스플레이 를 선보이고 있습니다.

왜 이런 방식을 택했을까요? 그리고 이것은 과연 쓸만한 사용자 경험일까요?

기술과 경험 디자인의 결합, 단일 디스플레이 방식은 발전된 오토 드라이브가 있기에 가능했다

이론적으로 운전자의 정면이 아닌 측면에 메인 디스플레이가 있는 것은 위험합니다. 찰나의 순간에 생명을 좌우할 수 있는 것이 자동차 운전이기 때문입니다. 하지만 테슬라의 경우 오토 드라이브(일정 속도 유지 장치) 옵션을 갖추고 있어, 자율 주행 기능이 없는 차에 비해 운전에 대한 집중도가 낮은 편입니다.

가솔린에서 전기차 시대로 바뀌고 있는 이유 중 하나는 지구의 환경을 생각한 선택일 수도 있겠지만, 자율 주행 시스템을 구축해 모빌리티 혁명을 이루기 위함이기도 합니다. 미래 이동 수단을 그릴 때 더 이상 인간은 직접 운전대를 잡고 있지 않습니다.

아직 테슬라의 오토 드라이브 기술이 그 정도 수준에

도달한 것은 아니지만, 최소한의 컨트롤만으로 탑승자가 원하는 목적지에 도달할 수 있도록 보좌합니다. 최대 전방 250미터까지 잡는 카메라가 초당 30장씩 이미지를 촬영해 도로를 분석하고 정면, 측면, 후면 카메라와 센서가 차 주변 360도를 끊임없이 관찰해 혹시라도 있을 수 있는 도로 위 변수를 탐지합니다. 내가 봐야 할 것을 차가 대신 봐주고 내가 생각할 것을 차가 대신 생각해 대응하는 것입니다.

심지어 빙판길 미끄럼 사고가 발생하면 자동으로 차량이 오토 드라이브 모드로 전환해 위험을 벗어나기도 합니다. 변수가 줄어든 만큼 운전 중 고개를 틀어 디스플레이를 조작할 때조차 상대적으로 안전 운행이 가능한 것입니다.

심플함과 정리의 미학

디스플레이 화면 구성은 메인 메뉴, 주행, 미디어(지도, 네비게이션, 음악 등) 세 부분으로 나뉘어 있습니다. 각 섹션 안에는 서브 카테고리들이 정돈되어 있습니다.

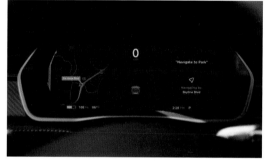

(위) 테슬라 모델 3의 Climate Control
(가운데) 테슬라 모델 S의 Front Display
(아래) 테슬라 모델 3의 Display Screen 실행 모습

첫째로 메인 메뉴는 디스플레이 하단에 있는데, 우리가 흔히 스마트폰이나 태블릿 PC에서 보아온 메뉴 구성처럼 최상위 카테고리 혹은 주요 빠른 실행 도구들이 위치해 있습니다. 버튼을 눌러 한 단계 한 단계 들어가면 차의 상세 정보를 접할 수 있고 각종 세팅도 어렵지 않게 바꿀 수 있습니다.

음악, 차량 온도 조절의 경우, 컨트롤은 두 가지 모드로 조절이 가능합니다. 메뉴 바 자체에서 간단하게 조정 가능한 '퀵 컨트롤'과 거기서 한 단계 더 들어가 디테일한 세팅을 커스터마이즈 하는 '딥 컨트롤'이 있습니다.

모델 3의 유저 인터페이스에서 크게 호평받는 깃 중 하나가 딥 컨트롤 메뉴에서 접할 수 있는 '퍼스널 커스터마이즈 (personal customize)' 경험입니다. 에어컨에서 나오는 바람 온도와 세기뿐 아니라 취향에 맞게 방향을 여러 갈래로 쪼갤 수도 있습니다. 이를 구현하는 인터페이스를 단순한 아이콘이나 일러스트레이션이 아닌, 애니메이션으로 구현한 것도 한결 생동감을 더해주는 부분입니다.

둘째로, 주행 섹션은 화면 왼쪽에 있어 운전자의 정면 시야에서 가장 쉽고 빠르게 접근할 수 있습니다. 그런 만큼 운전

중에 가장 중요한 정보인 차량 속도, 주변 차량의 접근도, 오토 드라이브의 사용 여부 등이 표시됩니다. 정차 중인지, 운전 중인지, 후진 중인지 등의 정보도 표시되어 차량의 현재 상태를 가장 잘 보여주는 곳이기도 합니다. 그리고 주행 혹은 정차 중에 뒤를 보고 싶을 때 언제든 후방 카메라를 켤 수 있는 것도 큰 장점입니다. 또한, 주차 모드 시에 이곳에서 사이드미러를 움직이거나 앞 뒤의 트렁크를 손쉽게 열 수 있습니다.

하지만 이 주행 패널의 단점도 있습니다. 비가 올 때 와이퍼 사용이 불편한 부분입니다. 와이퍼를 좌측 컨트롤 바에 버튼을 누름으로서 단발적으로 조정이 가능하긴 하지만, 기본적으로 와이퍼 작동은 화면 왼쪽 패널 하단에 위치한 와이퍼 섹션을 통해야 합니다. 물론 기본 세팅이 오토 모드로 되어 날씨나 도로 상황에 따라 자동으로 작동하긴 하나, 유저의 바람과 일치하지 않는 경우가 많습니다. 예를 들어 비가 얼마 오지 않는데, 와이퍼가 과하게 작동하기도 하고, 반대로 비가 많이 올 때 생각만큼 빨리 움직이지 않는 경우도 있습니다.

마지막으로 미디어(지도/내비게이션/음악 등) 섹션은 화면 전체에서 거의 70퍼센트 정도를 차지할 정도로 가장 큰 부분입니다. 차량의 주행 정보 다음으로 중요하다고 할 수 있는 내비게이션 정보가 실시간 교통 정보와 함께 지도에 표시됩니다. 운행 중에 사용하는 각종 기능이 상황에 따라 지도 위에 '모달(Modal, 화면 위에 추가적인 창이 오버레이되는 디스플레이 방식)' 혹은 수납장이 열리고 닫히는 형태를 연상케 하는 '슬라이드 패널 형식'으로 나타나는데, 에어컨, 음악을 포함한 세팅이 모두 이곳에 표시됩니다.

정보의 종류 및 카테고리에 따라 패널이 등장하는 패턴도 다릅니다. 예를 들어 화면 중앙의 'T' 로고를 눌렀을때 나오는 정보들은 모달로 오버레이되고, 네비게이션 정보들은 섹션 좌측에 표시됩니다. 중요도 차이에 따라 현재의 도로 안내 정보만 보여주는 모드와 앞으로의 안내 정보까지 보여주는 모드가 존재하고, 하단 메뉴 섹션에서 들어가는 딥 컨트롤 패널의 경우 화면 아랫부분에서 미끄러져 들어오는 슬라이드인(Slide-in) 패널 형식으로 나타납니다.

이 미디어 섹션이야말로 어찌 보면 L1(가장 상위 레벨의 정보)부터 그다음 레벨인 L2, L3 등의 많은 정보를 품는 공간인 만큼, 잘 정리된 사용자 경험을 통해 유저의 신경 분산을 최소화해야 하는데, 모델 3에서는 비교적 이 부분을 잘 구현해냈습니다.

사랑할 수밖에 없는 디자인

모델 3의 디스플레이는 물론 완벽하지 않습니다. 와이퍼 컨트롤 혹은 습기 조절 버튼처럼 제대로 해결하지 못한 사용자 경험들이 존재합니다. 하드웨어적인 부분을 손대지 않는 이상 해결하기 어려울 정도이지만 이 디스플레이는 내연기관 자동차들이 전통적으로 가지고 있던 많은 고질적인 문제를 해결했습니다. 일례로 복잡하고 효율적이지 않던 매뉴얼 버튼이 사라진 것 하나만으로도 엄청난 성과라고 볼 수 있죠.

또한, 전기차라 하면 쓸데없이 미래적인 폰트와 색상을 사용해야 할 것 같지만, 테슬라는 깔끔한 산세리프체를 잘 적용하였고, 색상 또한 화이트와 그레이로 간결하게 잡고, 몇 가지 하이라이트 컬러를 적절하게 사용함으로써 사용성을 높였습니다. 이와 함께 구현할 수 있는 여러 커스터마이제이션(온도, 바람, 사운드 등) 기능 등 디테일은 테슬라만의 강점입니다. 많은 사용자들이 모델 3 디자인에 만족하는 이유는 이러한 맞춤형 세팅에 따라 '이 차가 온전히 나를 위해 만들어졌구나.'라는 느낌을 가질 수 있기 때문입니다.

자율주행 자동차 시대의 자동차는 더 이상 운송수단이 아닙니다. '달리는' 머신이 아니라, 달리는 '머신'으로 방점이 옮겨가죠. 테슬라가 자신들이 만든 차를 타는 사람들을 '운전자'가 아닌 '유저(사용자)'라고 칭한 이유입니다. 내연기관 시대의 자동차는 그저 잘 달리면 됐지만, 자율주행의 시대는 얼마나 탁월한 기능과 경험을 제공할 수 있느냐가 관건입니다.

왜 너도나도
산세리프?

기본적으로 서체는 장식적인 면을 강조한 '세리프(serif)체', 그리고 가독성을 강조한 '산세리프(sanserif)체' 이렇게 두 가지로 나뉩니다. 일반적으로 세리프의 경우는 굴곡이 조금 더 많고 획의 끝이 특정 패턴을 가지고 튀어나오는 경우가 많습니다. 반대로 산세리프의 경우 상대적으로 직선적 성격이 강하며, 군더더기가 없는 특징이 있습니다. 두 종류의 서체 중 어느 하나가 다른 종류 보다 우수하다고 말할 수는 없습니다. 상황과 목적에 맞는 서체를 사용하는 것이 좋은 디자인이겠죠.

최근, 전통 헤리티지 패션 브랜드인 버버리(Burberry)가 고도로 절제된 리브랜딩을 소개하며 화제의 중심에 올랐습니다.

새롭고 멋지다는 평도 있었지만 '과연 이게 올바른 방향인가'에 대한 회의적인 시선이 디자인계 안팎에서 들려왔습니다.

사실 버버리를 필두로 한 패션 브랜드 외에도 에이치에스비씨(HSBC) 같은 글로벌 금융회사, 음악 스트리밍 비즈니스의 최강자 스포티파이(Spotify), 그리고 전 세계 숙박 공유 비즈니스 에어비앤비(AirBnB)에 이르기까지 다양한 종류의 비즈니스에서 모더니즘을 표방한 리브랜딩을 단행했습니다. 그리고 그 변화에는 하나같이 장식을 철저하게 배제한 '산세리프'체의 로고가 있었습니다. 모더니즘을 향한 러브콜은 '돌풍'이라 불릴 만큼 엄청납니다. 대체 왜 이토록 많은 브랜드가 너도나도 모더니즘의 새 옷을 입으려는 걸까요?

이러한 변화의 이면을 들여다봅시다

세계 최대의 금융사 제이피 모건(JP Morgan)은 2018년, 금융 전문가들보다 테크 혹은 수학 전공자들을 많이 채용했습니다. 이유는 간단합니다. '생존'을 위해서였습니다. 전통적인 금융 비즈니스는

세리프체(위)와 산세리프체(아래)

정식적인 면이 강한 세리프체와, 간결함이 돋보이는 산세리프체.
선호하는 서체가 변한다는 것은 대중의 취향을 넘어
한 사회의 사고방식이 바뀐다는 이미지기도 합니다.

ABCDEFGHIJ
KLMNOPQRS
TUVWXYZ

ABCDEFGHIJKLMN
OPQRSTUVWXYZ

이미 지나간 지 오래고 요즘은 핀테크(FinTech, 금융(Finance)과 기술(Technology)의 합성어로, 금융과 IT의 융합을 통한 금융 서비스 및 산업의 변화를 통칭)란 말이 등장할 만큼, 금융 기업도 기술 기업으로 변모하고 있기 때문입니다.

한국에서 탄생한 유니콘(기업 가치가 10억 달러 이상인 스타트업) 토스(Toss)도 어찌 보면 핀테크의 속성을 가장 먼저 이해하고 발 빠르게 움직인 덕에 성공한 사례로 볼 수 있습니다. 기존 음반 시장을 근본적으로 변화시킨 주역인 스포티파이의 경우도, 저장 공간이 따로 필요 없는 스트리밍을 기반으로 음원을 공유함으로써 다양한 디바이스를 자유롭게 넘나들며 사용자들이 원하는 음악을 언제든 쉽게 들을 수 있는 생태계를 구축하는 데 성공했습니다.

최근의 변화들은 모두 아날로그를 넘어 디지털이 가져오는 긍정적인 변화에 초점이 맞춰져 있습니다. 뼈를 깎는 디지털화 작업을 통해 비즈니스의 체질 자체를 바꾸는 것입니다.

그렇게 도달한 디지털의 세계는 0과 1로 단순하게 구성되어 있습니다. 이곳에서 복잡하거나 거추장스러운 것들은 맞지 않는 옷입니다. 본질만 남긴 채 쓸데없는 부분을 과감하게 없애는 것이야말로 모더니즘의 가장 큰 미덕이기 때문입니다. 그런 의미에서 철저히 장식을 배제한 산세리프의 모양새는 모던화되는 비즈니스의 속성과 잘 어우러져 시너지를 냈습니다. 디지털 환경에서 다양한 플랫폼에 쉽게 적용 가능한 시체라는 점도 많은 브랜드들의 산세리프화 바람에 부채질을 했죠.

'모두 같은 방향으로 달리는 것이 맞을까?'에 대한 질문

이러한 모던한 변화가 단연 돋보이는 분야는 패션 브랜드들입니다. 루이 비통(Louis Vuitton)과, 세인트 로렌(Saint Laurent) 같은 브랜드는 일찌감치 산세리프 형 로고를 병행해 사용해 오고 있었으며 버버리는 나이키의 디자인 디렉터를 헤드 디자이너로 영입하여 정말 다이내믹할 정도로 로고를 산세리프화 했습니다. 스포츠웨어 브랜드라고 해도 수긍할 수 있을 정도의 변화였죠.

패션은 우리 삶과 문화에 큰 영향을 미치기도 하고, 소재와 직조 방법 등에 신기술이 많이 적용되는 분야입니다. 그래서 패션 브랜드가 디지털화되고 모더니즘화되는 경향은 충분히 이해할 수 있습니다. 특히 화려함보다는 절제와 모던함에 가치를 두는 럭셔리 브랜드일수록 이러한 변화는 긍정적으로 해석됩니다.

그러나 급격한 변화들이 이루어지다 보니, 과연 이게 무조건 옳은 것이냐 하는 반문 혹은 자각의 소리도 들립니다. 장기적인 방향 논의 없이 모든 로고가 모더니즘의 이름 아래 묻지도 따지지도 않고 절제해야만, 아니 산세리프를 써야만 하느냐에 대한 논란이 생기는 것이죠.

패스트 패션이라 불리는 트렌디한 브랜드와 하이 패션으로 불리는 럭셔리 브랜드를 나누는 기준이 가격일 수도 있겠지만, 가장 큰 차이점은 럭셔리함과 헤리티지일 것입니다. 럭셔리는 편안함과 거리가 멉니다. 거추장스러움을 감수하고서라도 입을 수 있는 유니크함이 중요하고, 불편함이 있더라도 지키는 헤리티지가 럭셔리 브랜드에게는 중요합니다. 럭셔리 카가 무조건 최고로 빠르고 가장 편하지는 않은 것처럼, 럭셔리 브랜드의 구두가 처음 신었을 때 훨씬 더 불편하고 오래 걷기 어려운 것처럼 말이죠. 그러나 불편함마저도 감수할 수 있는 여유가 럭셔리 브랜드의 힘입니다.

럭셔리 브랜드의 무조건적 모던화 및 디지털화로 인해

브랜드 가치를 훼손하고 있는 것은 아닌지 돌아볼 필요가 있습니다. 많은 사람들이 모던함으로 무장한 새 로고보다 예전 세리프 스타일을 선호하는 이유를 곱씹어보아야 합니다.

사실 "획에 장식적 요소가 가미된 세리프체와 장식을 철저히 제거한 산세리프체 중 어떤 서체가 더 좋은가?"는 1차원적인 질문입니다. 어떤 브랜드에서 어떤 방향성을 가지고 서체를 고를 것인지에 대한 질문이 선행되어야만 제대로 된 답을 얻을 수 있습니다.

브랜드의 전체적인 향방을 제시하는 로고를 제작할 때 "왜?"를 확실히 세워야 하는 것은 당연한 일입니다. 유행은 시간이 지나면 다시 반대 방향으로 거침없이 회귀하곤 합니다. 사람들의 바지 통, 치마 길이처럼 말이죠.

과도하게 모더니즘화되는 지금의 열기도 최고조에 이르고 나면 다시 다양성을 추구하는 방향으로 빠르게 선회할 것입니다. 브랜드 아이덴티티도 돌고 도는 유행이기에, 누가 시대에 맞게 더 잘 적용하느냐가 중요합니다.

텐센트, IT 회사가 아니라 디자인 회사였어

2017년 3월 한 달 동안 한국 출장을 가게 되었습니다. 짧다면
짧고 길다면 긴 시간이었지만 기왕에 뉴욕에서 한국까지
간 김에 예전부터 한 번쯤 방문해 보고 싶었던 중국의
선전(심천, 深圳) 시를 들러야겠다는 생각이 들었습니다.
선전은 중국의 실리콘밸리라 불립니다. 중국 최고의 IT기업으로
불리는 텐센트(Tencent), 세계 드론의 최강자 DJI, 삼성과
애플의 경쟁자 화웨이(Hwawei) 등 중국 IT 거인들의 본거지이자,
마음만 먹으면 아이폰도 즉석으로 조립해 만들 수 있는 세계
최고의 전자상가 '화창베이(華强北)'가 있기 때문입니다.
그중에서도 개인적으로 가장 보고 싶었던 곳은 바로
13억 중국 인구가 모두 사용한다 해도 과언이 아닌
위챗(WeChat)의 모회사 텐센트(Tencent)였습니다.

먼저 텐센트 디자인의 제너럴 매니저인 조나단(Jonathan)에게
회사 견학이 가능한지 물었습니다.

Sangster	조나단, 이번 3월에 제가 선전에 갈 것 같아요. 텐센트 사무실에 방문할 수 있을까요?
Jonathan	상인! 좋아요. 번번이 일정이 맞지 않아 아쉬웠는데 드디어 보게 되는군요. 이번에 오면 텐센트에서 일하는 한국인 디자이너도 소개해 드릴게요.
Sangster	텐센트에도 한국인 디자이너가 있었군요! 반가운 소식이네요.

건물 입구에 들어서니, 건장한 체격의 경호원들이 배지를 일일이 검사하고 있었습니다. 아무래도 IT 업계의 생명은 보안인지라, 등록이 되지 않은 사람은 함부로 들어갈 수 없는 구조였죠.

Sangster	디자인 제너럴 매니저 조나단을 만나러 왔어요.
Man	비서가 곧 내려올 거예요. 이쪽에 잠시 앉아 기다리세요.

안내 데스크에 조나단을 만나러 왔다고 하니, 비서가 곧 내려올 테니 잠시 기다리라며 친절하게 물을 건네주었습니다. 5분쯤 지났을까? 조나단의 비서 '타라'가 내려와

반겨 주었습니다. 그녀는 놀랍게도 한국말로
'안녕하세요?'라고 인사하며 방문증을 발급해주었죠.

미팅 전에 우선 본사 2층에 위치한 텐센트 투어링 센터로
이동했습니다. 거기서 유창한 영어 실력의 가이드로부터
텐센트에 대한 설명을 들을 수 있었습니다.
그는 현재 사용되고 있는 텐센트의 서비스들,
WeChat, QQ 등의 실시간 사용량을 시각화한
데이터를 보여주고 그들의 주력 사업 중 하나인
게임 산업에 대해서도 이야기해주었습니다.
아는 사람은 아는 이야기지만, 텐센트는 채팅앱뿐만 아니라,
여러 분야에서 세계적인 영향력을 가지고 있습니다. 특히 전
세계적으로 인기가 높은 리그 오브 레전드(League of Legends)를
만든 라이엇게임즈(Riot Games)와 모바일 게임 최고의 히트작
클래시 오브 클랜(Clash of Clan)을 만든 슈퍼셀(Super Cell) 등의
게임 회사를 인수한 후 압도적인 1위를 달리고 있죠. 또한
전기차 시장의 최강자 테슬라의 주식 5퍼센트를 보유함으로써
여러 영역에서 그들의 영향력을 확장해나가고 있습니다.
회사에 대한 대략적인 소개가 끝난 후
텐센트 사내 카페로 갔습니다.

텐센트에서는 한국의 라인이나 카카오처럼 캐릭터
상품에도 많은 공을 기울이고 있었는데, 그들의
마스코트인 펭귄, 북극곰, 에스키모 등의 캐릭터 상품들이

카페에 가득했습니다. 그곳에서 차를 한 잔 마신 뒤,
조나단과 BX팀이 위치한 별관으로 이동했습니다.

두근대는 마음을 안고 들어선 조나단의 디자인팀이 있는 별관.
텐센트는 현재 사용하고 있는 본관 외에도
주변의 건물 몇 곳을 함께 사용하고 있었습니다.
여러 곳에 산재되어 있는 인력들은 2018년 여름에
완공될 신사옥으로 모두 옮긴다고 했습니다. 신사옥은
미래적인 외형뿐 아니라, 최첨단 IoT 기술을 갖춘
실험적 건물이라는 것이 그들의 설명이었습니다.
신사옥(현재는 완공된)에서 디자인팀을 만날 수 있었다면
더 신이 났을 수도 있었지만, 한편으로 그들의
역사적인 디자인들이 탄생한 공간에 발을 들여놓을
생각을 하니 더 기대가 되기도 했습니다.

회의실로 가는 디자인팀의 복도에는 그들이 브랜드 시스템을
연구, 발전시키며 만든 각종 포스터와 타이포그래피
그리고 캐릭터 디자인 등이 걸려 있었습니다. 그리고
회의실의 문이 열리며 조나단이 등장했습니다.

Jonathan   상인, 드디어 만나는군요!

Sangster   초대해주셔서 감사합니다!

텐센트 방문증과 신사옥 모델 그리고
텐센트의 마스코트 펭귄

반가움의 인사를 나누었고, 비행은 어땠냐, 심천은
처음이냐 하며 이야기를 시작했습니다. 그리고 현재
조나단이 중점적으로 키우고 있는 ISUX팀의 디자인 리더
앤라우가 회의실로 들어와 함께 인사를 나누었습니다.
그는 텐센트에서 거의 10여 년을 일해온 베테랑
디자이너였습니다. 텐센트는 7개의 비즈니스 그룹으로
나뉘어 있었는데, 그들이 일하고 있는 ISUX팀은 그중
하나인 SNG그룹 디자인 팀의 이름이었습니다. 팀일 뿐인데
구성원이 350명 가까이 되는 거대한 조직이었습니다.

Jonathan   상인, 이 먼 곳까지 오신 이유가 뭔가요?

Sangster   텐센트의 성공이 어떻게 만들어질 수 있었는지
당신과 당신의 팀을 만나 이해하고 싶었습니다.

조나단은 알았다는 표시를 하며 텐센트의 비즈니스에
대해 프레젠테이션을 진행했습니다.

Jonathan   텐센트는 SNG, WXG, IEG, MIG, OMG, TEG, CDG라는
비즈니스 그룹으로 나뉘어 있고, 각각의 그룹이 여러
사업체들을 이끄는 구조예요. 그중 SNG가 가장

많은 디자이너를 보유하고 있죠. SNG는 기업 전체를 관통하는 브랜딩 작업과 콘텐츠 제작 등 다양한 방면에서 이 거대 기업을 움직이는 팀이에요. MIG는 모바일을 중점적으로 다루는 그룹인데, 이곳의 디자인 팀인 MXD에만도 200명의 디자이너가 있어요. 그리고 이곳 최고 디자인 책임자 중 한 분이 한국인 디자이너인 현주 님이세요. 그 외, 광저우에 위치한 WXG에도 디자인 센터가 있고 심천에 있는 OMG에도 상당한 규모의 디자인 팀이 있어요. IEG 그룹은 텐센트의 게임 비즈니스 부문을 맡고 있는데, 게임 산업의 세계 1위 회사인 만큼, 많은 디자이너들이 게임 스튜디오에서 일하고 있죠.

Sangster   대단하네요. 텐센트 그룹 전체의 디자이너가 몇 명 정도인가요?

Jonathan   음, 2천 명 정도 될 거예요.

제조업 기반의 회사 인력이 2천 명이라고 해도 혀를 내두를 만한데, 소프트웨어 기반의 회사에 2천여 명의 디자이너가 있다니, 텐센트는 어쩌면 엔지니어나 프로그래머가 아니라, 디자이너가 움직이는 회사가 아닐까 하는 생각이 들었습니다.

전체 회사 소개 후 조나단과 동석한 디자이너 앤라우는
그들이 진행했던 대표 프로젝트에 대해 설명해주었습니다.
텐센트의 메인 서비스 중 하나인 QQ(위챗이 스마트폰의 등장과
함께 돌풍을 일으키기 전, PC 기반 커뮤니케이션 플랫폼으로서 현재도
널리 사용되고 있는 서비스)부터 최근 론칭한 고프로(Go-pro,
아웃도어용 초소형 디지털카메라) 스타일의 소형 카메라까지
다양한 형태의 제품과 서비스에 대한 설명이 이어졌습니다.
텐센트에서는 구글이나 애플처럼, 디스플레이용 전용
서체도 개발하여 사용하고 있었습니다. 온라인 기반 회사의
경우 전용 서체의 개발 유무는 브랜딩적인 측면을 넘어
얼마만큼 그들이 디지털에 대해 깊은 이해도를 가지고
있는가에 대한 판단 기준이기도 합니다. 기업 차원에서
이러한 노력들을 기울인다는있는 것이 놀라워 물었습니다.

Sangster   브랜드 및 디자인이라는 측면에서 다음 단계를 위해
어떤 준비를 하고 계신가요? 텐센트 디자인 철학
혹은 시스템을 만들 준비를 하고 계신가요?

Jonathan   (미소를 띠며) 네, 당연하죠.

텐센트의 플랫폼 생태계는 너무나 방대합니다.
그들은 이미 구글 혹은 페이스북 같은 전 세계

텐센트 사무실에 걸려 있던
브랜딩 도구들과 다양한 캐릭터 상품

1위 회사를 경쟁자로 생각하고 있었습니다.
텐센트의 대표 서비스인 위챗을 기준으로 했을 때, 여러
기능이 다른 세계적인 서비스를 압도하고 있기도 합니다.
특히 O2O 혹은 전자금융 부분은 이미 압도적으로 앞서가고
있습니다. 그 예로 중국인들은 이미 지폐나 신용카드를 거의
사용하지 않습니다. 스마트폰에 깔려 있는 '위페이' 혹은
'알리페이'로 일상의 거의 모든 화폐 거래를 해결하죠. 물리적
화폐에서 디지털 화폐 체계로 순간 이동을 한 셈입니다.
심지어 관공서 일부 기능조차 위챗의 서비스 영역으로
들어왔다고 하니, 텐센트는 '사람들의 삶을 윤택하게
한다.'는 기술의 대전제에 부합하는 방향을 제시하는
기업이라는 생각도 들었습니다. 물론 개인정보
보호 측면에서 정부가 사용자의 정보를 너무 쉽게
가지게 되는 것이 문제가 될 수 있지만 말이죠.

Jonathan   상인, 오늘 방문 정말 고맙습니다. 즐거운
                시간이었어요. 우리 계속 연락하며 지내죠!

Sangster   물론이죠. 오늘 만나 뵐 수 있어 영광이었습니다.
                당신과 팀 덕분에 중국의 디지털 디자인에 대해
                더 잘 이해할 수 있는 시간이었습니다.

놀라운 속도로 성장하는 텐센트를 보며
생산 기반을 가진 그들이 업그레이드된 사용자
경험과 브랜딩을 갖게 된다면, 구글 혹은 페이스북
같은 회사와 경쟁에서 우위를 점하는 것은 시간
문제일 수도 있겠다는 생각마저 들었습니다.
물론 중국이 이렇게 빠른 시간에 대규모
디지털 트랜스포메이션이 가능했던 이유는
국가 차원의 전폭적인 지지 덕분입니다.

긍정적이든 부정적이든 정부 시책에서 자유로울
수 없는 것은 어느 기업이나 마찬가지입니다.
정부와 조율해야 하는 상황에서 어떻게
발전적인 논의를 끌어내느냐가 문제겠죠.
애플처럼 사용자 정보를 철저하게 보호하는 방법을
취할 수도, 텐센트처럼 정부의 일까지 흡수할 정도로
과감하게 협업하는 경우도 있을 것입니다.
어떻든, 확실한 것은 13억 인구의 내수시장을 가진
이들이 이토록 진취적이고 일사불란하게 움직이면
다른 나라들은 바짝 긴장해야 한다는 점입니다.
우리도 마찬가지고요.

Chapter 4

leadership

_____

디자이너가
리더가 된다면

디자이너가
리더가 된다면

"이봐, 해 봤어?"

건설부터 자동차까지 대한민국의 경제 성장을 견인했던 현대그룹의 창업주 정주영 회장은 새로운 일을 시작하길 주저하는 직원들에게 항상 이렇게 말했다고 합니다. 특유의 진취적 기업가 정신이 묻어나는 말입니다.

하드웨어 제조업에서는 많은 인력이 엄청나게 집중된 에너지로 일사불란하게 일해야 합니다. 한두 명의 실수가 기업에 치명타로 작용할 수도 있죠. 또 설비 시설을 만드는 데 큰돈이 드는 만큼 정확한 의사 결정을 하고, 과감하게 밀어붙일 수 있는 카리스마 있는 리더십이 필요합니다.

정주영 회장이 조선소 시설도 제대로 갖춰지지 않은 상황에서 26만 톤급 선박 제작 수주를 받고, 육상에서 도크 없이 배를 건조한 후, 불도저를 이용해 바다에 진수시킨 일화는 유명합니다. 진수식 하루 전까지도 준설작업이 완성되지 않아 밤을 새워가며 흙을 파내고, 항만청의 운항 허가를 받기 위해 공무원을 찾아가 끈질기게 설득한 끝에 예정대로 국내외 귀빈이 함께한 진수식을 진행하죠. 이는 강력한 리더의 힘으로 무에서 유를 만들어낸 대표적인 사례로 꼽습니다.

경제 성장이 지상 과제였던 20세기에 기업이나 국가의 지도자에게 요구되는 키워드는 대부분 과감함, 대범함 등 남성성을 강조한 '보스형 리더십'이었죠. 특히 우리처럼 제조업을 기반으로 눈부신 발전을 거듭한 나라일수록 '강력한' 리더에 대한 사람들의 갈망이 컸습니다. 마치 난세에 영웅이 태어나 세상을 구원하길 바라듯 말입니다.

급격한 성장 시대를 지난 지금은 리더의 덕목도 바뀌고 있습니다. 자신이 속한 그룹의 발전을 이루려는 리더의 목표는 전과 다르지 않으나, 외부의 상황과 팔로워들의 성격이 바뀌면서 리더에게 바라는 바는 달라졌죠.

디자이너가 세계적인 기업의 리더로 부각되는 이유

2018년 미국의 유명 잡 커리어 사이트 컴페어블리(Comparably)가 발표한 최고의 CEO에 마이크로소프트의 CEO인 사티야 나델라(Satya Nadella)가 선정되었습니다. 20여 년 만에 전 세계 주가 총액 1위를 탈환한 요인도 있었지만, 마이크로소프트 직원들로부터 얻은 긍정적인 피드백도 한몫 했습니다. 그가 마이크로소프트의 선장이 되었을 때 회사의 사정은 그다지 좋지 않았습니다. 하지만 그는 자신이 가지고 있던 회사의 비전을 구현하기 위해 끊임없이 직원들과 소통하면서 회사의 DNA를 바꿔가기 시작하죠.

미국 IT 회사들은 직원 개개인의 역량이 엄청나게 뛰어납니다. 대신에 개인적인 성향과 의견이 무시되지 않고 온전히 존중되길 바라죠. 주장도 매우 강합니다. 팀 리더의 운영 방향이 마음에 들지 않으면 소셜 미디어를 통해 언제든지 비판하는 것이 그들의 일상적인 태도죠.

사티야는 그런 다루기 어려운 13만 명의 직원을 회사 사정이 좋을 때나 어려울 때나 모두 품격 있는 모습으로 다뤘다는 평가를 받았습니다. 그는 매달 빠짐없이 전 직원을 대상으로 하는

Q&A 시간을 직접 진행하면서 회사의 비전에 관해 설명하고, 아주 사소한 것도 직접 챙기고자 노력했습니다.

비즈니스 분야를 막론하고 '소통하는 리더'가 좋은 리더 상으로 부각되고 있습니다. 경영 환경이 빠르게 변하고, 그 어느 시대보다 세대 간의 차이가 심한 지금은 카리스마 있게 팔로워들을 이끌거나 일을 밀어부치는 능력보다 조직 내외 사람들과 원활하게 커뮤니케이션하는 능력이 강조되고 있습니다. 그리고 이것은 디자이너에게 요구되는 덕목과도 일치합니다.

그래서인지 세계적 기업의 임원진 명단에서 디자이너 출신 경영자를 찾아보는 것이 어렵진 않습니다. 애플의 수석 디자이너였던 조너선 아이브(jonathan ive)는 CDO(Chief Design Officer)로서 애플의 디자인을 관장했고, 크라이슬러 그룹의 변화를 주도적으로 이끌고 있는 SRT그룹의 CEO 랄프 질스(Ralph Gilles) 또한, 디자이너가 리더가 되었을 때 어떠한 임팩트를 가져올 수 있는지 보여주는 사례로 종종 언급됩니다. 또 한국 최고의 IT 기업인 카카오 그룹의 CEO에 디자이너 출신 조수용 크리에이티브 디렉터가 지목된 것은 디자인계 안팎에서 상당히 고무적인 소식으로 회자되었습니다.

이쯤 되니 많은 사람들이 질문을 던집니다. "디자이너가 요즘 시대가 원하는 리더 상일까요?"

하지만 이 질문은 포인트가 맞지 않습니다. 디자이너의 리더십은 리더가 갖추어야 할 역량 중 하나일 뿐이기 때문입니다. 오히려 새로운 경영 환경이 디자이너의 리더십을 필요로 한다고 보는 것이 맞습니다. 그렇다면 디자이너가 가지고 있는 리더로서의 장점은 어떤 것들이 있을까요?

첫째, 공감 및 소통 능력

디자인은 문제 해결을 추구합니다. 문제 해결의 첫 단계는 문제를 겪는 당사자의 입장에 공감하는 것입니다. 공감과 이해에서 시작되어야 진정한 소통이 가능합니다. 디자이너는 문제의 본질을 이해하기 위해 인터뷰나 자료 조사를 하고, 이를 분석하면서 한걸음씩 본질에 접근하는 프로세스를 가진 사람들입니다. 이러한 방법은 비즈니스를 키우는 데에도 그대로 활용할 수 있고, 리더가 소통을 통해 팀원을 이끌어나가는 데에도 적용할 수 있습니다.

앞서 언급한 마이크로소프트의 CEO 사티야도 공감과 소통의 중요성을 끊임없이 강조합니다. 정기적으로 직원들과 직접 대화할 수 있는 간담회를 열고, 뉴스레터를 보내고, 본인의 기업 운영 철학을 담은 책을 직원들에게 무상으로 배포하는 등 끊임없이 소통하기 위해 애쓰죠. 특히 전 직원이 참석하는 간담회 시간에 나오는 질문은 경계가 없습니다. 점심 메뉴를 더 맛있게 해줄 수 없냐는 질문부터 회사의 업무 프로세스 중 어떤 부분이 특히 잘 안착되지 않는다고 보는데 그에 대한 CEO의 생각은 어떤지 알고 싶다고 직언하는 경우까지, 소통의 범위는 아주 다양하고 직접적입니다.

즉각적인 대답이 나오기 힘든 주제들도 있지만, 각자가 가진 문제를 거리낌없이 소통할 수 있다는 사실만으로도 그 조직은 건강하게 유지될 수 있습니다. 리더가 혼자 열 걸음 나가는 것보다 조직의 체질 개선을 통해 열 명이 함께 한 발짝 나아가는 것이 더 중요하고 어렵습니다. 이를 가능케 하는 것이 공감과 소통이며 디자이너는 이 부분에서 탁월한 능력을 가지고 있습니다.

둘째, 창의성과 빠른 구현 능력

좋은 디자이너는 꿈을 크게 꾸고 그 꿈을 구현하기 위한 프로세스를 연구합니다. 불가능해보이는 미션도 창조성을 발휘해 해결하려는 집념과 이미지화시킬 수 있는 능력이 있죠. 누구나 비전을 가질 수는 있습니다. 하지만 단순히 머릿속에서 생각하는 상태가 아닌 시각, 혹은 청각적으로 구현해 소통하는 것은 쉽지 않습니다. 디자이너는 머리에 있는 아이디어를 끄집어내어 순발력 있게 초안을 시각화할 수 있는 기술도 가지고 있습니다.

씨티 그룹(Citigroup Inc)의 우산 로고를 디자인할 때 세계적인 디자인 에이전시 펜타그램(Pentagram)의 수장 폴라 셰어(Paula Scher)가 머릿속에 떠오른 생각을 즉각 휴지에 스케치한 것을 발전시켰다는 일화는 유명합니다. 아이데오(IDEO)의 수장 팀 브라운(Tim Brown)도 기가 막힌 아이디어는 제시간에 오는 경우가 드물다고 하였습니다.

빠른 판단과 의사결정이 기업의 흥망을 좌우하는 이 시대에 리더가 자신의 생각을 효율적으로 공유할 수 있는 탁월한 수단을 가지고 있다는 것은 엄청난 이득일 수밖에 없습니다.

셋째, 빠른 적응력

최근 전 세계 모든 비즈니스의 화두는 '디지털 트랜스포메이션'
입니다. 이를 통해 아날로그 프로세스를 디지털화하여 효율을 높
이고, 인공지능과 머신 러닝의 힘으로 인류가 기존에 상상할 수도
없던 일을 현실로 만들어내죠. 이미 사물인터넷(IoT)이 우리 삶에
깊숙이 들어온 만큼 디지털 솔루션의 힘은 앞으로 더욱 중요해질
것입니다.

　　'4차 산업혁명'이라고까지 불리는 전 지구적 디지털 트
랜스포메이션의 쌍두마차가 바로 '엔지니어링'과 '디자인'입니다.
하드웨어는 소프트웨어에 비해 한 번 규정되고 나면 바꾸기 쉽지
않습니다. 그래서 한 수 한 수 신중을 기해야 하고, 프로세스가 완
결되기까지 오랜 시간이 걸리기도 하죠. 하지만 소프트웨어의 경
우, 누가 더 빨리 시행착오를 겪고 현명하게 대처하는가의 싸움입
니다. 재빨리 론칭해 시장을 장악하고, 사용자들이 무엇을 원하는
지 경쟁자들에 비해 빠르게 파악해 대응하는 것이 관건입니다.

　　이러한 사례는 소프트웨어 산업을 넘어 소프트웨어와
하드웨어 구분의 경계가 무너지고 있는 제조업 분야에서도 어렵

지 않게 찾아볼 수 있습니다. 대표적인 예는 미국의 전기 자동차 회사 테슬라입니다. 테슬라의 전기차는 경쟁사를 압도하는 성능과 안전도로도 주목받지만, 사용자들이 감탄하는 부분은 매달 업데이트 되는 운영체제에 있습니다. 기존 내연기관 차는 출시된 그 상태로 5년이고 10년이고 타야 하지만, 테슬라는 시간이 지날수록 차가 똑똑해집니다. 기업 입장에서는 소비자가 원하는 기능이 무엇인지 추적 관찰할 수 있고, 차량 출시 이후에도 계속해서 더 나은 경험을 제공하며 시장을 선도할 수 있죠.

시장의 요구를 재빠르게 파악해 제품에 반영함으로써 발전시키는 프로세스는 디자인의 가장 일반적인 방법입니다. 그런 만큼 리더가 디자인을 제대로 이해하고 있다면, 제조, 유통, 소비의 패러다임이 바뀐 이 시대에 빠르고 임팩트 있는 결정을 내릴 수 있을 것입니다.

어느 조직이나 리더는 필요합니다. 하지만 아무나 리더 자리에 올라서는 안 됩니다. 어떤 사람이 조직을 맡느냐에 따라 그 조직의 운명이 달라지기 때문입니다.

리더는 끊임없이 공감하고, 소통하고, 대안을 제시해야

합니다. 스스로 변화의 동력을 만들어내며 가장 투철하게 자기계
발을 해야 하는 사람도 리더입니다.

그 과정에서 디자이너의 덕목이 긍정적으로 작용할 수
있습니다. 모든 리더가 디자이너일 필요는 없지만, 디자인의 장점
을 활용할 줄 아는 리더라면 분명 더 효과적으로 조직을 이끌 수
있을 것입니다.

창의적인 아이디어는
사무실 공기에서 탄생한다

저는 딜로이트 디지털(Deloitte Digital)이라는 디자인 · 디지털 컨설팅 회사의 크리에이티브 디렉터로 4년 반 정도 일하면서 2015년 초, 딜로이트 디지털의 뉴욕 지사를 설립하는 데 디자인팀 디렉터로 참여했습니다. 처음에 저와 시니어 매니저 둘 이렇게 세 명으로 시작하였으나 회사의 규모가 생각보다 빠르게 성장해 같은 해 추수감사절 즈음에는 팀원이 25명으로 늘어났습니다. 그리고 2016년 초에는 40명 규모의 디자인 회사가 되었죠. 지금은 인수 합병된 몇몇 회사와 함께 덩치를 불려 150명 정도 되는, 뉴욕에서도 나름 규모 있는 에이전시로 거듭났습니다.

좋은 마음과 큰 뜻으로 사람을 모았으니 직원들이 즐

거운 마음으로 회사에 나오게 만드는 것을 진지하게 고려해야 할 시점이 되었습니다. 특히 딜로이트 디지털의 모회사인 딜로이트는 비즈니스 컨설팅을 기반으로 하는 회사인 만큼, 많은 이들이 저희 회사에 갖는 몇 가지 선입견이 있었습니다. "딜로이트에서 일한다."고 하면 디자이너보다 전통적 비즈니스맨의 모습을 연상했죠.

경직된 분위기를 뉴욕의 디자이너들이 좋아할 리 없었습니다. 뉴욕에는 디자인 회사도 많고 디자이너도 많기 때문에, 디자이너들은 언제든 직장이 마음에 들지 않으면 다른 회사로 옮기거나 프리랜서로 활동할 수 있었습니다. 어렵게 모은 인재들인 만큼 일하기 좋고 즐길 수 있는 회사 분위기를 만드는 것은 아주 중요했습니다. 그래서 우리는 어떻게 하면 좋은 분위기의 사무실을 만들 수 있을지 고민해 몇 가지 시스템을 만들었습니다.

디자이너스 런치|Weekly Designer's Lunch

매주 수요일 뉴욕 스튜디오 디자인팀은 '디자이너스 런치(Weekly

Designer's Lunch)'라는 시간을 갖습니다. 에이전시의 특성상 프로젝트마다 뿔뿔이 흩어져 일하기 때문에 팀원들이 함께 이야기 나눌 시간이 없습니다. 그래서 일주일에 한 번씩 점심시간에 맛있는 음식을 배달시켜 먹으며 디자인 부서의 모든 인원이 함께 모이는 자리를 만들었습니다. 모임에서 디자이너들은 각기 다른 기능의 소규모 세션을 가지는데, 대략 이렇습니다.

이노베이션 테라피 Innovation Therapy

두 단어의 조합이 조금은 유머러스합니다. 굳이 해석하자면 '창조적 작업물을 보고 경험하며 치유를 받는 시간' 정도가 될 수 있겠네요.

이 시간에는 한 주 동안 보거나 들었던 멋지고 놀라운 것들을 다른 디자이너들과 공유합니다. 엘론 머스크의 스페이스엑스가 발표한 화성 식민지 계획이라든지, 메사추세츠 공과대학에서 연구하고 있는 과제들, 새로 나온 기업의 브랜딩 시스템까지 우리 팀이 다루는 디지털과 디자인이라는 카테고리에 속하는 다양한 정보를 서로에게 알려주는 것입니다.

작은 공유지만 서로에게 유용한 정보를 전해줌으로써 긍정적인 영향을 주는 초석이 될 수도 있고, 현재 진행 중인 프로젝트에 적용 가능한 영감을 받을 수도 있습니다. 매주 한 명씩 돌아가며 20분 가량 발표를 합니다.

스몰 워크숍 Small Workshop

디자이너 그룹은 전문가 집단입니다. 디자이너가 다루는 다양한 디자인 툴은 시대에 따라 빠르게 바뀌고, 종류도 매년 늘어납니다. 그래서 서로의 부족한 점 혹은 새로 나온 디자인 기술을 이 세션을 통해 배웁니다.

디자이너는 때때로 클라이언트의 요구에 따라 새로운 툴을 활용해 디자인 작업을 해야 하는 경우가 있습니다. 예를 들면 클라이언트가 '이번 프로젝트는 어도비 크리에이티브 클라우드(Adobe Creative Cloud)로 작업해서 공유하라'는 조항을 계약서에 적기도 하죠. 그런 만큼 어떤 디자인 툴을 가지고도 실력을 발휘할 수 있도록 미리 기술을 연마해놓는 것이 중요합니다.

그래서 다양한 디자인 툴에 대한 연구와 발표뿐 아니라 브랜딩과 타이포그래피의 원리 등에 대한 워크숍을 진행하며 함께 발전하는 시간을 갖습니다. 이 세션 또한 20분 정도 진행되는데, 다른 디자이너들의 실무 노하우를 배울 수 있는 유용한 시간인 만큼 디자이너들에게 인기가 높습니다.

상황 공유 Status Share

프로젝트를 진행하다 보면 디자이너들이 실무적인 부분에서 곤경에 처하는 경우가 종종 있습니다. 그럴 때 본인이 처한 상황을 공유함으로써 선배 디자이너들과 해결 방안을 함께 고민하는 시간입니다.

디자인을 진행하다가 막히는 부분에 대한 조언이 필요할 때, 본인의 작업물을 팀원들과 공유한 후 피드백을 들을 수도 있고, 디자인 부서 차원에서 받을 수 있는 도움을 요청할 수도 있습니다. 경험이 많지 않은 신입 디자이너가 상당히 어려운 수준

창의력을 요하는 직무일수록 '사무실의 공기'가 중요하다고 생각합니다. 자유롭게 지식을 공유하고, 함께 해결책을 찾고, 성장하는 분위기는 어떻게 만들 수 있을까요? 문제해결 중심의 사고와 수용자 입장에서 답을 찾는 디자이너의 습관은 리더의 자리에 있을 때 더욱 빛납니다.

의 디자인 프로젝트에 혼자 배정받는 경우가 있습니다. 설상가상으로 예산과 시간의 문제로 인해 배정된 신입 디자이너 외에 다른 인력을 사용할 수 없는 최악의 상황도 있죠.

신입 디자이너일수록 도움이 필요할 때 어떠한 도움이 필요하다고 직접 말을 못하는 경우가 많습니다. 이럴 때 본인의 상황을 다른 디자이너들과 공유함으로써 도움이 필요한 순간에 시니어 디자이너가 나설 수 있습니다. 혹은, 문제 해결 노하우를 전수해주며 프로젝트의 퀄리티를 함께 높일 수 있죠. 비록 본인의 시간이 예산에 책정되지 못할지라도 말입니다.

회사에서 디자인팀을 운영하기 위해선 단순히 진행하고 있는 클라이언트의 프로젝트에만 신경써서는 안 됩니다. 주변 디자이너들을 돌보고 소통하며 좋은 팀 분위기를 유지할 수 있는 시스템을 구축해야 합니다. 함께 성장할 수 있다면 더할나위 없이 좋겠죠. 특히 뉴욕처럼 다양한 문화와 인종이 공존하는 환경일수록 팀원들을 하나로 묶어줄 장치가 필요합니다.

저는 우리 팀의 일이자 각자의 관심사이기도 한 '디자인'과 관련된 학습을 통해 '원 팀(One team)'을 만들어보고자 하였고, 결과도 나름 성공적이었습니다. 물론 제가 소개한 방법들 외에도 다른 여러 방법이 존재합니다. 사람마다, 환경에 따라 필요한 것이 다를 수도 있고요.

중요한 것은 일하는 사람이 업무에 집중할 수 있는 환경과 즐겁게 배울 수 있는 환경을 만드는 것입니다. 그래야 최상의 결과도 기대할 수 있습니다.

좋은 디자인은
좋은 사람에게서 나온다

‘사람이 먼저다.’라는 문장은 정치뿐 아니라 디자인에서도 매우 의미가 큽니다.

디자인의 프로세스 시작과 끝에는 항상 사람이 있고, 그 결과 또한 사람을 향합니다. 앞으로 디자인에 더욱 발달한 기술이 적용되어 인간이 하나하나 따라잡기 어려운 시대가 온다 하더라도, ‘디자인은 사람을 향한다.’는 대전제는 바뀌지 않을 것입니다. 왜냐하면 인간에게 디자인이란 ‘원하는 것’ 자체라기보다, 인간이 원하는 것을 이루기 위한 과정이자 수단이기 때문입니다. 또한, 결과물까지 도달하는 과정에도 수많은 사람이 존재합니다.

여기에서는 디자이너가 일을 하면서 만나게 되는 ‘사

람 간의 관계'에 대해 말해보겠습니다.

디자인의 모든 과정에 '사람'이 있다

달리기를 하는 모든 이들의 목표가 '속도를 높인다'는 아닐 것입니다. 어떤 이들에게는 체력 증진이, 어떤 이들에게는 러닝 클럽을 통한 사람들과의 교류가 목표입니다. 여기서 '달리기'는 개인의 목적을 이루기 위한 수단이죠.

　　달리기의 목적이 무조건 출발점에서 도착점까지 빠르게 가는 것이 아니듯, 디자인의 목적도 무조건 어떤 것을 만드는 것은 아닙니다. 디자인의 목적은 상황에 따라 다릅니다. 그래서 목적을 찾기 위한 '알맞은 질문'을 하고 '적절한 대답'을 하는 사람이 있어야 제대로 된 디자인이 나올 수 있습니다.

　　디자인의 필수 성립 조건은 클라이언트(해결해야 하는 문제를 가진 사람)와 디자이너(문제를 해결해주는 사람)의 존재입니다. 디자인은 클라이언트와 디자이너 양쪽이 합심해 공동의 목표에 도달하는 과정입니다. 마치 달리기를 하기 위해 왼발과 오른발이 조화롭게 교차하듯 말이죠. 그렇게 길을 달리다 보면 여러 선택의 순간에 맞닥뜨리고, 디자이너와 클라이언트가 순간순간 어떤 선택을 하느냐에 따라 결과는 판이하게 달라집니다.

여기서 중요한 질문이 생깁니다. 좋은 디자인을 만들기 위해 '상황을 선택하는 것'이 중요할까요, 아니면 '사람을 선택하는 것'이 중요할까요? 꼭 이 두 질문의 우위를 가려야 하는 것도, 반드시 둘 중 하나를 선택해야 하는 것도 아니지만 굳이 한 가지를 뽑자면 저는 '좋은 사람'과 일하는 것을 선호합니다.

디자인은 불편한 동행입니다

앞에서 언급했다시피 디자인을 하기 위해서는 반드시 클라이언트와 디자이너가 함께 해야 합니다. '갑'과 '을'로 표현되기도 하는 바로 그 관계 말입니다.

아무리 마음씨 좋은 사람이라 할지라도 본인의 직장, 혹은 금전적 문제가 걸려있는 일이라면 한없이 엄해질 수 있습니다. 그런 만큼 디자인을 진행하면서 서로 간의 입장 차이는 필연

적입니다. 우리는 이것을 인지해야만 합니다.

예전에 아시아의 한 대기업과 프로젝트를 진행했던 적이 있었습니다. 그 회사에서는 뉴욕까지 상주 직원을 보내 우리가 언제 출근하고 언제 퇴근하는지 감시하게 했습니다. 미국인 직원들은 이런 클라이언트의 모습을 생소하게 생각했습니다. 어떤 이들은 노골적으로 기분 나쁘다는 표현도 했죠. 나중에는 그 상주 직원들과 서로 돕는 관계로 발전하였으나, 시간도 꽤 오래 걸렸고 그 과정이 쉽지만은 않았습니다.

디자인은 배워가는 과정입니다

클라이언트와 디자이너는 입장이 다르기도 하거니와 클라이언트의 경우는 디자인의 전문가가 아닙니다. 예술적 감각이 있고 디자이너에 대한 존중이 있는 사람이라면 수월하겠지만, 기본적으로 일이 어떤 식으로 진행되는지에 대해 완벽히 이해하고 시작하는 클라이언트는 거의 없습니다.

그런 만큼 그들에게 때로는 온화하게 때로는 엄격하게

디자인에 대해 이해시켜줘야 합니다. 반대로 디자이너도 모든 분야에 전문가일 수 없음을 인정하고 클라이언트의 업무에 대한 지식을 최대한 배워야 합니다.

아메리프라이스(Ameriprise)라고 하는 금융회사의 금융 상품 세일즈 툴을 디자인할 때 일입니다. 우리의 과제는 그 회사의 자산 관리 매니저들이 고객들의 금융 자산 현황을 더 빠르게 파악하고 진단해 금융 상품을 더 잘 판매하도록 도와주는 아이패드 툴을 만드는 것이었습니다. 이 프로젝트를 진행하면서 제일 당황스러웠던 것은 '언어'였습니다. 영어가 모국어가 아닌 저는 자산관리사들이 통상적으로 쓰는 단어들의 뜻을 대부분 이해하기 어려웠습니다. 그런데 재미있는 것은 같은 팀의 미국인 디자이너들도 별반 차이가 없었다는 점입니다.

이런 상황을 알 턱이 없는 클라이언트는 우리 팀과 대화할 때마다 전문 지식이 담긴 이야기를 늘어놓았습니다. 한참을 설명하고 나서 하는 말이 "자, 다음 주면 얼마큼 발전시킬 수 있어?" 였습니다. 무슨 말인지 이해하기도 힘든데 다음 주라니. 사실 이럴 때면 앞이 깜깜합니다. 당시 저는 솔직해질 필요가 있다고 생각했습니다. 그래서 우리를 아무것도 모르는 고객이라고 생각하고 좀 더 쉽게 설명해 달라고 부탁했습니다.

　　클라이언트 측에서 이런 것도 모르냐고 면박을 줄 줄 알았으나, 의외로 차근차근 그들이 사용하는 단어, 시스템 그리고 응대 매뉴얼 등에 대해 상세히 알려주었습니다. 그렇게 하나씩 서로 배워가며 페이스를 맞춘 결과, 더 좋은 관계로 프로젝트를 진행할 수 있었습니다.

　　이 일이 있은 뒤로는 프로젝트에 따라 요구되는 기능이나 타깃 등 잘 모르는 것이 있을 때는 적극적으로 배움을 요청합니다.

좋은 파트너십이 가장 중요합니다

'사람은 잘 바뀌지 않는다.' 평소에도 흔히 하는 말이죠. 이에 반해 상황은 하루에도 여러 번 바뀝니다. 장기 프로젝트로 생각했던 프로젝트가 불과 몇 주 만에 끝나기도 하고, 단기 프로젝트로 생각했던 것이 1, 2년 넘게 이어지는 경우도 있죠. 또 대기업의 경우 내부의 인사 이동 혹은 정치적 입지의 변경에 의해 잘 진행되던 프로젝트가 한 순간에 사라지거나, 비중이 크지 않던 프로젝트가 주력 사업이 되기도 합니다.

그렇기 때문에 단순히 상황만 보고 프로젝트를 수주하기보다는 멀리 내다보고 함께 할 수 있는 믿을 수 있는 팀원과 클라이언트를 만나는 것이 중요합니다.

믿고 함께 갈 수 있는 팀원은 아주 중요합니다. 몇 달이나 몇 년 단위의 프로젝트를 시작할 때 단순히 '이 정도 레벨의 직원이 몇 명 필요하다.'라는 생각으로 팀을 꾸리면 안정적으로 높은 수준의 작업물을 만들어내기 어렵습니다. 비슷한 경력의 디자이너라도 실력이 뛰어나고 협업하기 어려운 사람이 있고, 협조적이지만 확실한 문제 해결 능력이 없는 사람이 있기 때문입니다. 그래서 어떤 사람을 팀원으로 둘 것인가에 대한 명확한 기준이 필요합니다.

유니콘 기업 넷플릭스(Netflix)는 그들의 회사가 어떤 곳인지 정의하는 '넷플릭스 컬처 데스크(Netflix Culture Deck)'에서 인재상에 대해 분명히 밝히고 있습니다.

"회사의 모든 팀이 드림팀이 되는 것은 (몇몇 팀만이 그렇게 되기보다) 쉽지 않다. 당연한 말이지만, 우리가 고용을 잘해야 한다. 또한, 우리는 협업을 장려하고 정보를 공유하도록 지원하고, 정치 행위를 근절시켜야 한다.

우리는 적당한 수준으로 일하는 직원은 관대한 퇴직 수당을 주고 내보낼 것이며, 그 자리에 적합한 최고의 직원을 찾을 것이다.

미식축구 팀을 예로 생각해보자. '모든 선수가 경기장에서 최고의 실력을 발휘하며 효과적으로 팀플레이를 할 수 있는가?' 하는 문제는 모두 감독의 역량에 달려 있다. 회사도 이와 다르지 않다.

우리는 가족 같은 회사보다는 팀 같은 회사를 추구한다. 가족 같은 회사는 구성원이 이상 행동을 할 지라도 너그럽게 받아주는 '조건 없는 사랑'을 바탕으로 한다. 드림팀은 당신이 다른 동료를 위해 헌신하는 최고의 동료가 될 수 있게 만들어준다. 이는 언젠가 당신도 이 팀에서 떠나야 한다는 뜻이기도 하다."

넷플릭스는 인재상을 통해 가족 같은 회사보다는 승부

의 세계에서 냉철한 프로 미식축구 팀 같은 회사가 되겠다고 선포합니다. 더불어 이것을 각오한 믿을 수 있는 사람만 팀원으로 함께 할 수 있다고 말하죠.

애플의 스티브 잡스처럼 A급, B급 하는 식으로 직원의 등급을 나누는 것은 비인간적이고 오해의 소지가 있습니다. 하지만 좋은 회사나 팀은 대부분 쉽게 들어갈 수 없는 시스템을 가지고 있습니다. 다양성은 존중하되 절대적 협력과 수준 높은 결과를 요구합니다. 적합한 능력과 명확한 목표를 가진 좋은 사람들과 함께라면 어떤 상황도 슬기롭게 헤쳐나갈 수 있고, 또 길이 막히더라도 함께 돌아갈 수 있기 때문입니다.

디자인에서의
프로세스와 직관

디자인과 순수 예술 사이의 가장 큰 차이점은 무엇일까요? 저는 어쩌면 '객관적 프로세스'가 아닐까 합니다. 순수 예술은 그것의 주체 혹은 목적이 아티스트 자신인 경우가 많습니다. 결과물에 도달하는 과정이 다분히 주관적이고 타인의 개입을 극단적으로 배제하는 경우도 많죠. 하지만 디자인에서의 객관적 프로세스는 어찌 보면 필수 조건이라 할 수 있습니다. 왜냐하면 객관성이 배제된 프로세스와 디자인 결과물은 그 누구도 설득할 수 없기 때문이죠.

디자인은 주어진 문제를 하나씩 해결하는 과정입니다. 결과만 놓고 디자인을 이야기한다면 그것의 본질적 가치를 이해할 수 없습니다.

　　디자이너가 클라이언트가 의뢰하는 문제를 해결하기 위해 적용하는 일련의 프로세스를 방법론(Methodology)이라고도 합니다. 이 방법론적 디자인 접근은 할 때 중요한 깃은 어떻게 효과적으로 소통하고 관리하느냐인데, 최근 디자인 업계에서 널리 쓰이는 방식은 '애자일(Agile)'입니다.

　　애자일은 날렵함 혹은 민첩함을 뜻합니다. 원래 소프트웨어 개발에 쓰이던 방식인데, 요즘은 조직 운영에도 널리 쓰이고 있죠. 과거처럼 시간을 들여 프로젝트 전체를 계획한 뒤에 한 단계씩 매듭짓는 것이 아니라, 인사이트를 빠르게 적용하여 시제품을 만들고, 피드백을 받고, 수정하여 발전시키는 업무 방식입니다. 애자일의 일반적 단계는 아래와 같습니다.

　　　1. 클라이언트의 요구 사항 파악 (스코프(Scope) 파악)
　　　2. 구체적인 타임라인 구축 (스프린트(Sprint) 계획)
　　　3. 디자인 발전 및 적용
　　　4. 클라이언트와 디자인 공유 및 피드백 반영
　　　5. 디자인 결과물 전달

애자일은 프로젝트의 적절한 성취 범위인 스코프를 설정하고, 이를 달성하기 위한 여러 개의 스프린트(Sprint, 일반적으로 2~3주 내에 해결할 수 있는 과제)를 구성하는 것이 핵심입니다. 각각의 스프린트가 끝날 때마다 처음 계획한 목표를 얼마나 달성했고, 어떤 부분이 얼마나 잘 진행되었는지를 기록합니다. 그것을 바탕으로 기획을 발전시키고, 막힌 부분이 있다면 대안을 찾아나갑니다. 큰 목표에 도달하는 과정을 작은 스프린트들로 쪼개어 관리하기에 효과적이고 또 효율적으로 결과를 얻을 수 있습니다.

애자일 프로세스 안에서 결과물은 진짜로 끝이라기보다 진행되고 있는 '상태'라고 볼 수 있습니다. 반복적으로 스프린트를 해나가다 보면, 주어진 타임라인 말미에는 결정화(Crystallized)된 형태의 결과물이 탄생하는 것이죠.

애자일 디자인 프로세스로 탄생한 결과물을 최선의 상태라 볼 수 있을까요?

아이데오(IDEO)의 수장 팀 브라운은 이렇게 말했습니다.

Brilliant ideas rarely arrive in time.

대단한 아이디어가 제시간에 오는 일은 드물다.

　　대부분의 디자인이 논리적 과정과 프로세스를 통해 답을 찾지만, 때로는 인간의 원초적 감각에 의존해 문제를 해결합니다. 단순히 산술적 접근으로 디자인을 만들어내거나 성공을 예측하기는 어렵습니다. 수많은 스프린트를 거치는 동안 나오지 않던 흡족한 디자인이 하루아침에 떠오르기도 하고, 프로젝트의 초입에 나왔던 작업이 나중에 최선의 결과물로 판명나기도 합니다. 특히 프로젝트 수주를 위한 작업의 경우 마지막에 방향성이 모두 바뀌는 경우도 많습니다. 디자인의 전체적 방향이 디테일보다 중요한 상황일수록 이런 일은 더 자주 발생합니다.

　　그렇다면 애자일 같은 매니지먼트 기술은 어느 정도 신뢰도를 가질까요? 애자일이라는 툴 안에서 디자이너와 클라이언트는 상호간에 대화할 기회, 점검할 기회를 얻습니다. 이것은 갑자기 불어닥칠 수 있는 최악의 변수를 막아주는 훌륭한 방패막입니다. 디자이너도 의뢰자도 모두 사람인 만큼 그 과정이 비합리적일 수도 있고, 때로는 최선의 결정을 지나칠 수도 있습니다. 그래서 애자일 같은 툴을 통해 여러 변수를 통제해가며 최선 혹은 차선이라도 모색하는 것이죠.

하지만 때로는 그토록 통제하고자 하는 '변수'가 미처 생각하지도 못했던 좋은 결과로 인도할 수 있다는 점도 인정해야 합니다. 판을 바꿔야 하는 순간이 올 때 우리는 때때로 직감을 따르는 모험을 해야 할 수도 있습니다. 최종 결과물을 받아들이는 소비자 입장에서는 디자인 프로세스 안에서 이루어지는 대화와 조정의 역사보다, 딱 보면 알 수 있는 느낌이 훨씬 더 중요합니다. 투자한 시간과 결과가 반드시 일치하지는 않는다는 뜻입니다.

그렇기 때문에 우리는 나무보다 숲을 보아야 합니다. 때때로 너무 과하게 변수를 통제하는 데 시간을 보내다 보면 큰 그림을 놓칠 수 있습니다. 언제든 인간의 직관을 바탕으로 한 피보팅(Pivoting, 방향 전환)을 통해 더 나은 결과물이 나올 수 있음을 인정하며 디자인 프로세스를 적용한다면, 우리는 조금 더 놀라운 결과를 얻을지 모릅니다.

디자이너와
일 잘하는 법

디자인의 중요성에 대한 인식이 사회 전반에 걸쳐 높아지면서, 이윤을 중시하는 기업에서부터 각종 정부 부처에 이르기까지 디자인 인력이 배치되고 있습니다. 디자인 컨설팅 그룹의 경우, 프로젝트 수주를 받지 않는 분야가 없을 정도로 다양한 형태의 일을 하죠. 하지만 누구나 디자이너와 일해본 경험이 있는 것은 아닙니다. 있다 하더라도 매일같이 함께 교류한 것이 아닌 이상 디자이너와의 협업은 여전히 생소할 수밖에 없죠. 지피지기 백전백승(知彼知己 百戰百勝)이라 했던가요? 디자이너는 어떤 사람들이고 어떻게 하면 디자이너와 일을 잘할 수 있을지 이야기해 보겠습니다.

1978년 노벨 경제학상을 받은 저명한 학자 허버트 알렉산더 사이먼(Herbert Alexander Simon)은 디자이너를 포괄적인 의미에서 이렇게 정의했습니다.

"현존하는 상황을 더 나은 상황으로 바꾸기 위한 일련의 행동을 고안해 내는 사람이라면 누구든 디자이너다."
"Everyone designs who devises courses of action aimed at changing existing situations into preferred ones"

저는 여기서 조금 더 디테일하게, 디자이너를 '관찰하고, 이해한 것을 바탕으로 한 결과물로 제시하는 사람'이라고 정의하고 싶습니다. 굳이 디자이너가 아니라 하더라도 눈앞의 현상을 관찰하고 분석할 수 있습니다. 하지만 그것을 바탕으로 실체적인 결과물을 만들어 제시할 수 있어야만 디자이너라 부를 수 있습니다.

여기서 말하는 결과물은 비전과 전략이 담긴 해결책입니다. 이 해결책은 디자이너 혼자 만들어내기 어렵습니다. 그래서 기획자, 스토리텔러 등 다양한 능력을 가진 팀이 필요합니다. 디자이너와 함께 팀으로 좋은 기록을 내기 위해 필요한 것들은 다음과 같습니다.

첫째, '무엇'에 대해 함께 논의해야 합니다

함께 할 일의 범위 즉, 어떤 종류의 일을 얼마만큼 함께 처리할 것인지 소통해야 합니다. 프로젝트를 진행할 때 톱다운(Top Down) 형식으로, 디자이너와 아무런 소통 없이 정해진 목표 수치가 일방적으로 전달되는 경우가 많습니다. 이런 방식으로 디자이너에게 일이 전달되면 실무진 입장에서 한꺼번에 소화할 수 없는 양을 할당받거나, 분야가 달라 해결할 수 없는 일을 떠밀려 맡게 되는 경우가 발생합니다. UX 작업을 전문적으로 하는 디자이너에게 애니메이션 작업을 시키거나, 리서처에게 브랜딩 작업을 시키는 것처럼 말이죠.

올바른 업무 배분을 위해 디자이너와 논의하는 시간이 필요합니다. 계획하고 있는 일의 목적과 목표, 일정을 함께 고민하면 더 효율적으로 일할 수 있습니다. 또 디자이너가 계획 단계

부터 함께 참여하는 만큼 해당 프로젝트에 대한 주인의식과 만족
감이 상승해, 더 높은 품질의 결과물을 낼 수도 있죠.

둘째, 이해의 폭을 넓힐 수 있도록
서로 도와야 합니다

디자이너는 전문가이기는 하나, 디자인 프로세스의 전문가이지,
세상 모든 일에 통달한 사람이 아닙니다. 특히 디자인 에이전시
에서 일하는 디자이너의 경우, 다양한 프로젝트에 참여하는 만큼,
본인이 참여하는 프로젝트에 대한 지식이 거의 없을 확률이 높습
니다. 지난번에는 금융 상품의 거래를 돕는 애플리케이션을 디자
인했는데, 이번에는 군대 미사일 장치의 경험 디자인 작업을 맡게
되는 식이죠.
　　　디자이너가 프로젝트에 대해 충분히 이해할 수 있도록
지식을 제공하고, 주어진 목표를 이루기 위해 어떤 사람을 만나
인터뷰하면 좋을지, 참고하면 좋을 레퍼런스 자료들은 어떤 것이
있는지 알려준다면 큰 도움이 될 것입니다.

셋째, 솔직하고 논리적인 피드백을
제공해야 합니다

디자인 프로세스에는 사용자 테스팅 과정이 있습니다. 이것은 제품이 시장에 나가기 전에 반드시 거쳐야 하는 아주 중요한 단계입니다. 테스트 도중에 특별한 아이디어가 나오기도 하고, 만드는 도중에 잘 보이지 않았던 치명적인 오류가 발견되기도 하기 때문입니다. 사용자 테스팅은 상대적으로 프로젝트 후반부에 있을 뿐더러 비용과 시간적인 부분에서 프로젝트의 효율성을 저하시킬 우려가 있기에 자주 할 수는 없습니다.

이럴 때 디자이너에게 줄 수 있는 최고의 도움은 명료한 이유와 함께 최대한 솔직한 피드백을 하는 것입니다. 당연히 그 피드백이 본인의 디자인적 취향 고백이라면 디자이너에게는 쓸데없는 참견이 될 수 밖에 없습니다. 그러나 확신이 들지 않는 부분이나 프로세스에 대한 의문점이 있다면 적극적으로 디자이너와 소통해야 합니다. 논리적인 근거와 실제 사례 등을 덧붙인다면, 더 발전적인 방향을 모색할 수 있겠죠.

진지하게 정식 리뷰를 할 수도 있겠지만 캐주얼하게

이메일 혹은 메시지를 보내 솔직하게 의견을 주고받는 것도 효과적입니다. 이때 주고받는 의견은 프로젝트의 백 로그(Back Log)에 기록해 두고 프로젝트의 진행상황을 점검할 때 한 번씩 체크하면 생각보다 많은 일을 효과적으로 처리할 수 있습니다.

디자이너는 기본적으로 무언가를 함께 만들고, 그것이 실제 생활에 사용되는 것에서 만족감을 느끼는 사람들입니다. 디자이너의 이런 본질적인 속성만 알고 있다면, 함께 일하는 것에 익숙지 않은 사람일지라도 협업이 어렵지는 않습니다. 특히 같은 목적을 향해 가는 '동지'라는 인식을 갖고 디자이너와 함께 일하는 법을 하나둘 적용하다 보면 생각보다 더 훌륭한 결과를 도출할 수 있을 것입니다.

보고, 생각하고, 말하고, 글로 옮기다

최근 몇 년 사이 디자인과 마케팅 분야에서 일하는 사람들 사이에 빠르게 번진 유행이 있습니다. 바로 '글쓰기'입니다. 미디엄(Medium)과 브런치(Brunch)같은 에세이 형 블로그를 중심으로 디자인 관련 글이 높은 인기를 끌고 있는 것도 사실이죠. 많은 현업 디자이너와 디자인 학도들이 자기 생각과 경험, 노하우를 글로 공유하며 사람들과 소통하는 것이 더는 낯설지 않습니다.

저도 5년 정도 디자인과 관련된 글을 써서 공유하다 보니 어느덧 100편이 넘는 글을 썼고, 생각을 다른 분들과 공유할 수 있었습니다. 사실 처음 글을 쓰기 시작한 이유는 간단했습니다. 생각하고 표현하는 법을 연마하기 위함이었죠. 그러니까 글쓰기는 제가 가진 아이디어를 효과적으로 다른 이들과 소통하기 위한 수련이었던 셈입니다.

디자이너에게 필요한
커뮤니케이션 훈련

20대 중반이 넘어 미국 생활을 시작할 당시 저는 타향살이에서 오는 압박감에 주눅들기 일쑤였습니다. 그렇지만 눈으로 보고 머리로 생각하고 손으로 표현하는 일에 있어서만큼은 지지 않겠다고 항상 다짐했고, 그 심리적 마지노선 하나로 간신히 직장생활에도 안착할 수 있었습니다. 하지만 일을 시작하고 일 년이 지난 후, 객관적인 눈으로 평가한 저의 모습은 '말주변은 조금 모자라도 열심히 일하는 외국인 노동자의 모습' 그 이상도 이하도 아니었습니다. 고개를 들어 주변의 미국인 동료들을 보니 그들은 어느새 앞장서서 클라이언트들과 소통하고, 때로는 미팅을 리드하면서 능력을 펼치고 있었죠.

　　'이것이 미국식 교육의 힘인가?' 혹은 '영어의 한계가 이렇게 크구나.'하며 절망했습니다. 그래서 매일 새벽같이 회사 앞 커피숍에 앉아 영어 공부를 하다가 출근했습니다. 아주 조금씩 상황은 나아졌으나, 큰 변화를 느끼기는 어려웠습니다.

그러다 저의 커뮤니케이션 습관을 제3자의 눈으로 보기로 했습니다. 저는 매번 남들을 바라보며 생각만 하다가 끝나는 패턴을 가지고 있었습니다. 이러한 패턴은 기본적으로 반응(React)을 하는 수동적인 태도이다 보니, 생각을 다른 이들에게 전달하기 어려웠습니다. 대화를 리드하며 그들의 생각을 끌어내는 것은 불가능에 가까웠죠. 어떻게 하면 이러한 상황을 역전시켜 내가 상대방에게 먼저 무언가를 던지고(Act), 그들이 그것에 반응(React)하게 할 수 있을지 고민했습니다.

커뮤니케이션의 흐름은 물의 흐름과 같아서 맥을 이해해야만 본류를 이끌 수 있습니다. 화제를 전환하기 위해 담력을 가지고 한두 마디 던질 수는 있지만, 후속타가 없을 때는 그저 싱거운 사람이 돼버리기 일수입니다. 이런 상황에서 필요한 것은 상황 판단과 논리력입니다. 적절한 상황에 왜 이 말을 꺼내는지, 누구나 다 납득할 만한 이유와 근거를 대면서 이야기하는 것이죠.

미국 사회에서 시키는 일만 열심히 하는 사람이 아닌,

주도적이고 능동적인 디자인 리더가 되려면 반드시 가져야 하는 소양이었습니다.

글쓰기로 생각을 정리하는
습관을 들이자

그래서 저는 생각을 글로 옮기기 시작했습니다. 처음 쓰는 글들은 당연히 형편없는 수준이었죠. 유시민 작가는 이런 말을 했습니다. "글쓰기는 운동과 같아서 꾸준히 하면 는다."고요. 그 말을 믿고 매주 한 편씩 글을 썼습니다. 시간이 날 때마다 썼던 글을 다시 읽으며 고치기도 했습니다. 또 글을 잘 쓰는 사람에게 윤문을 받아 반복해 읽기도 했습니다. 헬스클럽에 한두 번 가면 큰 변화가 없지만, 시간을 쪼개어 꾸준히 다니면 몸에 탄탄한 근육이 붙듯이, 글이 20편, 30편 쌓이면서 점점 생각을 정리하는 노하우도 생기고, 읽는 이가 이해하기 좋게 글을 구성할 줄도 알게 되었습니다.

　　　　글쓰기를 통해 일에도 도움을 받을 수 있었습니다. 한두 마디 의견을 보태는 수준의 커뮤니케이션에서 벗어나 주장을 펴고 그것을 뒷받침하는 말을 보태는 것이 수월해졌습니다.

그렇게 글쓰기를 통해 커뮤니케이션의 양과 질을 높여 가고 있었지만, 의외로 글쓰기 실력이 바로 훌륭한 언변으로 이어지지는 않는다는 사실을 깨달았습니다. 말하기는 어떤 주제로 누구와 어디서 이야기하느냐에 따라 다양한 반응과 결과가 나옵니다. 좋은 의미로도, 나쁜 의미로도 의외성이 크죠. 물론 여기서 말하는 '말하기'는 모든 것이 준비된 다음에 정제된 언어로 전달하는 프리젠테이션이 아닌, 살벌한 말들이 오가는 토론이나 회의 현장입니다. 말하기와 글쓰기 둘 다 모두 논리를 기반으로 소통하는 방법이지만, 말하기는 순발력을, 글쓰기는 고찰을 요구한다는 점에서 다릅니다.

권투 선수들은 순발력을 높이기 위해 끊임없이 반응 훈련을 합니다. 기초 체력 훈련을 통해 몸 상태를 끌어올리기도 하지만, 갑자기 날아드는 주먹을 피하고 빠르게 반격하기 위해서는 순발력 훈련이 필수죠. 저 역시 순발력을 기를 필요가 있었습니다. 이를 위해 제가 활용한 방법은 다음과 같습니다.

토론 동영상 보기

스티브 잡스의 프레젠테이션 영상은 많은 이들의 심금을 울릴 정도로 대단하죠. 그처럼 발표할 수만 있다면 누구든 설득시킬 수 있을 겁니다. 하지만 이러한 일방형 커뮤니케이션을 참고하기보다는 쌍방향 토론 동영상을 보는 것이 더 효과적입니다.

항상 정의가 승리하면 정말 좋겠지만, 현실 세계에서는 이기는 편이 정의인 경우가 많습니다. 이를 위해서는 집요하게 파고들어 혀 끝으로 승리를 쟁취하고야 마는 논객들의 논리 전개 과정이나 표현을 참고할 필요가 있습니다.

스크립트 써보기

미팅 주제가 미리 설정되어 있는 경우, 관련 사항에 대해 예습하는 것은 당연한 일입니다. 하지만 예습한 것에서 그친다면, 여전히 미팅에서 조용히 있다가 나올 확률이 높습니다.

미팅의 주제와 참석자를 머릿속에 그리며, 예상 가능한

질문과 그에 맞는 설명을 글로 적어봅시다. 물론 예상한 질문이 미팅에서 나온다고 해도 다른 답이 나올 확률이 높습니다. 반대로 예상 답안을 준비해 가더라도, 전혀 예상치 못한 질문이 쏟아지는 경우가 있죠.

예상한 대로 사람들이 질문하고 답해준다면, 꽤 성공적인 미팅이 될 테지만 행여 정반대의 경우가 닥치더라도 스크립트를 준비한 상태라면, 덜 당황할 것입니다.

호응하기

권투에서 최악의 방어는 상대방이 공격할 때 가만히 있는 것입니다. 상대방이 일방적으로 말을 이어가더라도 너무 조급해하지 말고, 너그럽게 반응하는 것도 괜찮은 방법입니다. '예스'나 '노' 같이 간단한 대답도 좋고, '아', '아하' 하는 추임새만으로도 충분합니다. 권투 선수들이 상대방의 쏟아지는 공격 속에서 한두 번 잽을 날리거나 고개를 좌우로 움직이며 방어하듯 말이죠.

요약하고 되묻기

대화 주제에 대해 모르는 경우도 있습니다. 그렇다고 무작정 입을 다물고 있는 것은 자칫 미팅 참여 의사가 없는 사람처럼 보일 수 있습니다.

그럴 땐 미팅에서 이야기한 것들에 대해 다시 짚으면서 대화의 깊이를 더해가는 방법을 쓸 수 있습니다. 예를 들어, 보험 상품 판매를 권장하는 디지털 서비스 프로젝트의 미팅에서 '장기 투자상품'에 관한 이야기를 나누는데, 처음 들어보는 개념이라면, 우선 주 설명자의 말을 경청해야 합니다. 그리고 대화 중간에 '그렇다면 당신이 이야기하는 장기 투자란 이런 개념이고, 이런 방식으로도 적용이 가능한 것이 맞습니까?'라고 묻는 것입니다.

프로젝트를 리드하는 입장에서도 동료의 이해도가 어느 정도인지 체크하는 것은 중요하기 때문에 질문에 친절히 답해줄 것입니다. 질문은 다음에 얼마나 더 심도 있는 이야기를 할 지 결정하는 기준도 됩니다. 이야기를 나누기 쉽지 않은 주제와 상대였더라도 질문을 던지고 답하다 보면 한결 더 수월하게 이야기를 나눌 수 있게 되는 장점도 있습니다.

디자인은 어느 날 받은 영감으로 한 순간에 탄생하는 기적이 아닙니다. 디자인 프로세스 안에서 커뮤니케이션의 맥을 잡고 어떻게 발전시키는가도 디자인의 중요한 요소입니다.

갈수록 다양한 산업에 디자인이 활용되는 만큼, 사용성 뿐 아니라, 사용자를 향한 커뮤니케이션 능력도 중요해지고 있습니다. 그저 미적으로 우수하기 때문에 좋은 디자인으로 인정받는 시대는 지나고 커뮤니케이션을 동반한 디자인이 큰 힘을 발휘하는 시대가 온 것입니다. 그런 만큼 요즘 디자인계에 불고 있는 글쓰기 혹은 팟캐스트 유행은 매우 좋은 현상이라고 생각합니다.

저는 오늘도 좀 더 좋은 디자이너가 되기 위해,
'말이 통하는' 사람이 되기 위해
열심히 보고, 듣고, 말하고, 생각하고, 씁니다.

점, 선, 면

시각적으로 해석될 수 있는 이 세상의 모든 조형은 점, 선, 면으로 치환할 수 있습니다. 20세기 추상화의 아버지로 불리는 화가 바실리 칸딘스키(Wassily Kandinsky)는 이들의 특성을 활용한 조형의 무한한 가능성을 일찍이 주목했죠.

추상 미술뿐 아니라 디자인에서도 점, 선, 면은 아주 중요한 개념입니다. 눈으로 보이는 영역을 넘어 손으로 만지고, 그것을 일상생활에 활용할 수 있게 만드는 것이 디자인의 역할인 만큼 점, 선, 면의 적용은 순수 미술보다 디자인에서 더 유연하게 해석될 수 있습니다.

아이디어가 시작되는 시작 '점', 무한한 변형과 적용으로 조형해나가는 '선', 양감을 통해 콘셉트를 실체적으로 만들어주는 '면', 그리고 디자인과 사용자 사이의 소통이 비로소 시작되는 지점까지, 점과 선과 면은 디자인 안에서 무한히 반복되는 개념입니다. 이러한 점, 선, 면을 통해 디자인의 역할이 무엇인지 조금 더 명확하게 이해할 수도 있습니다.

점은 크게 두 가지가 있다고 생각합니다
'시작 점' 과 '마무리 점'

'시작 점'은, 태초의 한 줄기 빛과 같습니다. 무한한 고요 속에 점 하나를 찍음으로써 새로운 우주가 탄생하는 개념을 떠올려보세요. 아이디어가 탄생해 그것이 잉태되는 순간입니다.

그 중심에는 사람이 있습니다. 시작 점을 찍는 이 시대의 대표적인 인물은 테슬라의 창업자 엘론 머스크나 아마존의 창업자 제프 베조스입니다. 이들은 사람이 아직 살지 않는 화성에 인류의 식민지를 건설하는 비전을 제시하는 것처럼, 많은 이가 전혀 상상도 못한 점을 찍어냅니다.

하지만 인류사에 남을 이런 영웅들만 점을 찍는 것은 아닙니다. 누구나 자신이 생각하는 점을 다양한 크기로 원하는 곳에 찍을 수 있습니다. 이러한 점을 찍기 위해 꼭 디자인이 필요하지는 않습니다. 오히려 점을 찍는 것 자체는 디자인의 영역이 아닙니다. 하나의 점은 그 사람의 비전 그 자체이기 때문이죠.

'마무리 점'은 종점을 의미하기도, 무한의 세계로 들어가는 지점을 의미하기도 합니다. 시작 점에서 출발해 끝에 도달한 상태로 볼 수도 있지만, 한편으로는 무한히 지속되는 개념으로도 볼 수 있기 때문입니다. 하나의 비즈니스가 없어지며 이 지점에 도달할 수도 있겠지만, 완벽하게 시장을 장악해 완성되는 지점이 될 수도 있는 것처럼 말이죠.

소프트뱅크(Softbank)의 손정의 회장과 같은 사람은 바로 이 엔드게임(End Game)을 하는 사람입니다. 과감한 투자와 끊임없는 공격으로 시장 생태계를 완벽하게 장악하는 형태의 비즈니스를 하죠. 많은 사람이 알다시피 현재 100조 원대의 펀드를 조성해 전 세계 미래 산업에 과감한 투자를 하고 있습니다.

결국 이러한 점을 찍는 것 또한 개인의 영역입니다. 디자인 콘셉트가 이러한 시작 점 혹은 마무리 점 그 자체라고 보기는 어렵죠. 자, 시작과 끝 모두 디자인의 영역이 아니라면, 디자인은 어디에 속해 있을까요?

점과 점을 연결하는 '선'이 바로 디자인

디자인의 역할은 시작과 끝을 연결하는 '선'입니다. 이 선은 우리의 '삶'과 맞닿아 있고 무한한 가능성이 있습니다.

　　시작점에서 어떤 길을 갈 지 하나하나 선택하면서 최종적으로 도달하는 점이 달라집니다. 각자의 선이 그리는 형태는 똑바른 직선일 수도 있고 굽이굽이 요동치는 곡선일 수도 있습니다. 무엇을 왜, 어떻게 그리는지에 따라 원을 그릴 수도 있고, 정물을 그릴 수도 있으며 모나리자 같은 어떤 형체를 그릴 수도 있죠. '선'이 인간에게 선사하는 것은 '무엇'이라고 하는 단편적인 개념이 아니라 총체적으로 경험하는 '어떻게'라고 볼 수 있습니다.

　　애플의 디자인이 세상에 미친 큰 임팩트가 있습니다. 하지만 디자인의 임팩트가 단순히 제품 하나를 출시한다고 해서 끝나는 것은 아닙니다. 끊임없는 운영체제 업데이트, 매일같이 쏟아져나오는 셀 수 없이 많은 애플리케이션, 심지어는 마케팅 캠페인 등을 통해 디자인 경험은 계속해서 쌓이고, 결국 거기에서 파생되는 수많은 선들이 모여 그림을 완성하죠. 우리는 한 시즌 혹은 한 세대에 출시된 특정 제품의 디자인이 아닌, 쌓여가며 진화하는 디자인을 보아야 합니다.

커켜이 쌓인 수많은 차원의 선은 결국 하나의 '면' 즉, 생태계를 이룹니다. 그 면을 이루고 있는 선은 끊임없이 변하며 우리 삶의 지형을 바꿉니다. 반대로 인간 삶의 변화에 따라 디자인이 달라지기도 하고요. 그렇게 시작 점과 마무리 점을 잇는 '선'인 디자인은 인간의 삶과 끊임없이 영향을 주고받으며 평행하게 이어집니다.

디자인은 디자이너와 대중이 함께 만드는 것

책의 머리말에도 적었듯이 '디자인'의 개념은 디자이너와 그것을 사용하는 대중이 함께 정의해 나가는 것입니다. 마치 태극 문양이

음양의 역동적인 조화의 흐름으로 이루어지듯, 디자인도 디자이너와 대중의 끊임없는 상호작용으로 규정됩니다. 주전자에 물을 가득 담아 운동장에 선을 그어본 적 있나요? 어떤 모양을 그리느냐에 따라 피구도 하고, 농구도 하고, 발야구도 할 수 있죠. 이렇게 선들은 면의 활용을 규정합니다. 그 면 안에서 사람들은 함께 즐기고 하나의 작은 사회를 이루어나갑니다.

면의 형태나 면적은 시대의 요구에 따라, 혹은 사용자들의 움직임에 따라 끊임없이 바뀔 것입니다. 그렇지 않으면 사람들은 언제든 자신들에게 더 잘 맞는 새로운 플랫폼을 찾아 이동할 테니까요. 그러면 디자이너가 어렵게 그은 선들은 무의미해질 것입니다. 그런 의미에서 끊임없이 때로는 수동적으로 때로는 능동적으로 바뀌어야 하는 것이 디자인(선)의 숙명입니다.

기술이 발달하고 시대가 바뀐다 해도 인간과 디자인 사이의 본질적인 관계는 바뀌지 않을 것입니다. 디자인과 기술의 발전은 상충되는 개념이 아니라, 상호 보완적인 개념이 되고, 특히 인공지능과 클라우드 기술은 우리가 찍은 점을 더 변화무쌍한 모양의 선으로 더 빠르게 이을 수 있도록 도와줄 것입니다. 그 과정에서 디자인은 선들이 맹목적으로 기술만을 좇지 않고 인간을 향하도록 '길잡이' 역할을 하겠지요.

　　이러한 이치를 이해한다면 하루가 다르게 발전하고 또 바뀌는 지금 세상에서 디자인의 역할을 다시 생각해볼 수 있습니다. 어쩌면 우리는 디자인을 이용해 진정으로 인간이 중심이 된 이상적인 세상, 기술과 인간성이 상생하는 특이점(singularity)의 세상을 만들 수 있지 않을까요?

감사의 글

평소 제 글을 좋아해주시는 독자분들께 감사드립니다.
아낌없는 후원과 가르침을 주신 부모님과
동생에게도 감사의 인사를 전합니다.

저의 글에 좋은 피드백과 영감을 주신 월간 디자인
전은경 편집장님과 김은아 기자님, 최명환 기자님,
유다미 기자님, 그리고 디자이너로서 저에게 큰
가르침과 영감을 주시는 업계 선후배 디자이너분들과
저를 믿고 함께해준 직장 동료들, 제 글이 책으로 묶여
나올 수 있도록 도와주신 출판사에도 감사드립니다.

마지막으로 이 책의 모든 문장과 구절을
하나하나 챙겨보고, 아낌없는 조언을 해준
아내에게 특별한 사랑과 감사를 전합니다.

디자이너의 생각법; 시프트

초판 1쇄 발행 2019년 6월 18일
초판 6쇄 발행 2023년 7월 14일

지은이 이상인

펴낸이 김남전
편집장 유다형 | 편집 이경은 | 표지디자인 이상인 | 본문디자인 양란희
마케팅 정상원 한응 김건우 | 경영관리 임종열 김다운

펴낸곳 ㈜가나문화콘텐츠 | 출판 등록 2002년 2월 15일 제10-2308호
주소 경기도 고양시 덕양구 호원길 3-2
전화 02-717-5494(편집부) 02-332-7755(관리부) | 팩스 02-324-9944
홈페이지 ganapub.com | 포스트 post.naver.com/ganapub1
페이스북 facebook.com/ganapub1 | 인스타그램 instagram.com/ganapub1

ISBN 978-89-5736-444-4 (03320)

가나출판사는 당신의 소중한 투고 원고를 기다립니다. 책 출간에 대한 기획이나 원고가 있으신 분은 이메일 ganapub@naver.com으로 보내 주세요.